책쟁이들이 권하는 지역의 맛

맛의 탐닉

책쟁이들이 권하는 지역의 맛

맛의 탐닉

상상창작소 봄

책쟁이들이 권하는
지역의 맛

이번에는 광주다.

2017년 제주에서 시작된 지역출판사들의 외침이 수원, 고창, 대구수성, 춘천을 달려 광주동구의 품에 안기려 한다.

한국지역도서전을 기념하기 위하여 해마다 책쟁이들의 책 이야기, 책 만드는 이야기, 책 만드는 사람 이야기를 주저리주저리 풀어 놓았다.

책을 품고 살아온 책쟁이들의 이야기는 5년간 많이 풀어내었다. 광주는 달라져야 하지 않을까 고민했다.

출판은 모든 문화의 근간이다. 지역출판이 지역 문화생태계에 미치는 영향력은 상상 이상의 것이리라. 많은 문화의 갈래 중에서 이번에는 먹고사는 이야기를 해 보자. 음식 문화, 먹거리 문화를 풀어나가 보자. 전국팔도의 먹거리 이야기를 한바탕 떠들어 보자 하였다.

책쟁이들은 책만큼, 아니 책보다 더 먹는 것을 좋아한다. '모여라, 먹고 책 이야기나 풀어 보자.' 우리는 이렇게 제주에서, 수원에서 그리고 고창, 대구수성을 거쳐 춘천을 지나 광주동구까지 다다랐다. 그래 이번에는 책보다 먹거리를 얘기해 보자.

　전국에는 참으로 다양한 먹거리들이 존재한다. 그 지역 지역의 특색을 담고 있는 전국의 다양한 먹거리 이야기를 그러모으면서 침샘이 마를 날이 없었다.

　한국지역도서전 첫 개최지 제주의 갯것을 재료로 한 소박한 식당의 먹거리를 탐닉하고 통영의 소소한 충무김밥과 시락국밥에 고등어회를 곁들인다. 부산으로 들어서서 부산의 대명사와도 같은 밀면을 맛보고 흔하지 않은 말미잘 요리를 거쳐서 태종대 조개구이로 가볍게 한잔, 부산에만 있다는 물떡과 부산어묵의 조화를 느낀다. 커피향 짙은 카페에서 커피 수다, 1박 2일을 머물러도 부산의 맛을 다 알기에는 부족하리라.

　부산 책쟁이들은 다양한 먹거리가 있어서 책 짓는 맛이 절로 나겠구나 싶다.

　대구는 대표할 먹거리가 없다고들 한다. 그래도 대구는 축산 부산물을 활용한 먹거리들이 많은 편이다. 막창, 곱창, 선지, 뒷고기 등, 요즘은 좀 알려진 편이지만 최근까지 타 지역에서는 먹지 않았던 것들이다.

　대표적인 먹거리를 내세울 만한 게 없다지만 먹거리의 추억은 행복한 기억으로 남아 있다. 복어불고기의 시초가 대구라는 사실은 놀랄 만한 일이다. 바다 생물의 요리가 내륙도시인 대구가 시초라니!

대구에 인접한 청도는 청정지역으로 물이 맑기로 유명하다. 그 맑은 물에서 잡은 잡어로 끓이는 청도 추어탕은 천렵으로 어린 시절을 보냈던 세대에게 추억 한 그릇이다.

영주의 추억을 먹고 강원도에 들어섰다.

강원도의 산간에서 자란 메밀을 이용한 막국수와 메밀부치기는 강원도 어느 지역을 가도 빠지지 않는 강원도 대표 음식이다. 백석이 시에 언급한 함경도 음식들이 어떻게 속초의 먹거리로 재탄생하였을까? 함흥 음식이 속초에 정착한 속사정을 알 수 있다.

한 편 한 편 먹거리 타령을 읽다 보면 지역의 먹거리 문화를 느낄 수 있을 것이다. 문화와 문화를 엮어 책쟁이들은 자식 같은 책을 품어낸다.

강원도를 거쳐 충청으로 넘어오니 대전의 칼국수와 두부두루치기가 허기진 배를 채우라 한다. 포장마차에서 매콤한 닭발에 잔술로 마시던 추억은 뒤집힌 전 아래로 깔고 해란강 전집에 앉아 추억 한 잔으로 목을 적신다.

수원의 왕갈비를 뜯어보고 순대 거리와 통닭 거리를 뒤로하고 종착지 광주로 접어드니 장수의 웰빙 산골 밥상이 먼저 싱싱한 자연을 가득 담아 맞이를 한다. 산골을 뒤로하고 고창 갯벌에서 건져 올린 갯것들의 향연에 다시 한 번 바다 향기를 가슴 가득 품는다.

　팔도 책쟁이들이여, 홍어 맛을 아는가? 누군가는 그 특유의 향 때문에 근처에도 못 가고, 누군가는 그 특유의 향으로 인해 홍어라면 사족을 못 쓴다. 누군가는 좋아하고 누군가는 싫어하고! 세상 모든 것이 그렇지 않겠는가? 하지만 팔도의 책쟁이들은 세상 모든 책을 사랑하고 좋아한다. 세상에 나쁜 책은 없다. 라는 말이 괜히 있는 것이 아니다.

　흔히 '전라도 음식이 최고'라는 데는 이론의 여지가 없을 것이다. 산과 들, 바다와 갯벌에서 온갖 물산이 풍성하게 나는 전라도의 산해진미는 가히 압권이다. 하지만 그 속에 담긴 이야기의 맛을 알게 될 때라야 전라도 음식은 몸의 양식을 넘어 영혼의 양식이 된다.

　광주의 맛을 광주에서 직접 알려줄 것잉께 다들 광주로 광주로 몰려 와서 광주의 맛을 보라. 아울러 전국 팔도의 책맛을 느껴보기를 바란다.

　팔도에서 원고를 보내준 팔도 책쟁이들에게 감사의 인사를 보낸다.

한국지역출판연대 회장 **강수걸**

차례

광주

죽기 살기로 먹는 음식, 홍어

박문종_ 화가

홍어 암치 대짜

뭔가 딱 집어 표현하기에는 난감한 음식임에는 분명하다. 홍어말이다. 역한 냄새는 물론 톡 쏘는 알싸한 맛, 기이한 생김새 때문에 먹고 나면 강한 카타르시스를 느끼는데 굳이 맛을 고른다면 거기에서 찾아야 하지 않을까. 비호감 요소로 무장한 맛, 지극히 원초적이고 모태본능을 자극하는 맛이라고나 할까.

막힌 속 뚫는 데 이만한 것도 없다. 넙덕한 얼굴들이 둘러앉아 넙덕한 마음으로 먹는 넙덕한 생물. 탕탕 도마질에 조각을 이리 내도 전라도 땅이고 저리 내도 전라도 땅을 닮았다. 톡 쏘는 '1코'는 무등이고 월출산일 터. '2날개'는 오밀조밀 갯비린내 나는 마을, 파드득 떠는 식감일 터고 '3애'는 우리네 속마음일 것.

얼마 전 담양에서 그림 전시 오프닝을 하면서 홍어를 준비했다. 흑산 홍어 암치, 그것도 대짜!

전국 각지에서 온 참여작가들의 탄성은 당연한 것이었다. 잡은 지 이삼 일밖에 안 된 것을 택배로 바로 공수한 거라 싱싱할 뿐 아니라 그 빛깔 또한 놀라운 것이

홍어삼합

영산강 뱃길

었다. 맑은 선홍빛 광채 그 자체였다. '아! 이래서 홍어라고 하는 갑다' 했다.

　　그러나 그것도 잠시, 맛은 뭔가 익숙지 않았다. 분명 흑산 홍어이고 1급 정품 가격을 비싸게 지불했는데….

　　주문을 하면 택배로 바로 배달된다는 사실을 잊었으니 당혹스러울 수밖에 없었다. 다들 맛있다고 엄지를 치켜들었지만, 나는 삭힌 것에 익숙했다. 이렇게 성한 것은 처음이다.

　　그러니 입맛이 쉬 바뀌지 않는다는 말이 맞다. 그간 홍어깨나 먹었다고 자부했는데 새 맛을 접하고 보니 새로 시작하는 것 같다. 묵힌 맛을 먼 과거로 돌려보낸 느낌이다.

정약전과『자산어보』

『자산어보』를 쓴 손암 정약전(1758~1816)은 신유사옥에 연루되어 절해고도 흑산도에서 약 15년(1801~1816)의 유배생활을 하게 된다.

유배기간 중『자산어보』를 집필하지만, 갑작스럽게 세상을 뜨면서 동생인 정약용이 원고를 수습해 책을 완성했다고 전해진다.『자산어보』는 흑산 인근 해역의 수산물과 어패류를 수록한 생물도감으로 1책 3권으로 구성되어 있다.

아무리 유배 중이라고는 하나 반가의 사대부가 갯가 바닷속것에 그리 관심이 많았을까? 그의 지적 호기심은 사회 통념을 뛰어넘는다.

유학자이면서도 당대의 시대상황에 적극 조응해 실학사상의 '실사구시'를 구현한 것이다. 즉 실생활의 유용성을 중시하며 유연하게 대처하는 그의 학문적 태도와 애민정신이 후대에 길이 남을 저서를 남긴 것이다.

홍어 하면 흑산도, 흑산도 하면 홍어의 이미지가 겹친다. 국토의 서쪽 가장 깊은 곳, 그 끄트머리에서 선생이 표기한 '간잠어'와 유배의 길을 되짚어 본다.

그 길은 홍어배가 육지로 향하는 뱃길, 홍어길이다. 어찌 홍어뿐이랴.『자산어보』에 나오는 어물이 그 주인공이다. 뭍으로 가는 길은 큰 바다를 지나야 하고 신안의 흩뿌려진 섬들을 거쳐 목포에 다다른다. 그리고 영산강을 타고 종착지인 영산포 코스다. 예전에는 나주목이 있는 나주 근처까지 들어와야 육지다운 육지라고 볼 수 있으므로 섬들을 돌고 돌아 돛배로 목포 근방까지 나흘이나 닷새, 영산강을 들어 영산포까지 사흘은 잡아야 한다고 한다. 그러나 그것도 날씨가 따라줄 때 이야기고 바람 치고 날 궂으면 장담 못 하는 게 뱃길이니 열흘도 걸리고 보름도 걸렸다고 한다.

'순풍에 돛 단다'고, 바람 방향이 맞으면 순식간에 목적지에 당도하지만 역풍에는 달리 방도가 없는지라 인근 정박지에서 쉬면서 몇 날 며칠 배도 쉬고 사람도 쉬

홍어의 거리

고 그렇게 노닥노닥하다가 '바람 불 때 배 띄운다'는 말처럼 목적지로 향한다는 것 아닌가.

고깃배가 신안의 큰 바다로 죽을 둥 살 둥 헤어나오다 영산포에 이를 때까지 뱃전에서, 때로는 포구의 선술집 부둣가에서 삭아 문드러진다. 바람에 등 떠밀려 뱃전에서 절로 삭으니 홍어 맛을 바람이 책임진다.

영산강을 따라 오르는 홍어길을 살펴보면 목포 근처에서 밀물과 썰물이 만나는 지점인 나주 동강나루까지가 뱃길로 약 60리, 중간기착지인 양호도(양도)까지는 약 40리 거리이다.

양호도는 홍어파시가 있는 중요한 곳으로 저 멀리 흑산에서 올라온 배가 숨도 고를 겸 쉬어가면서 상인들이나 인근 주민들 상대로 홍어 판매를 했다. 양호도에서 홍어를 구입했다는 어른들의 말을 어릴 적에 들은 바 있다. 영산강 인접지가 태

홍어

생지여서 유년의 기억이 생생한데, 어른들이 들일을 하다가도 영산강에 중선배 떴다 하면 낮참 먹을 시간이라고 허리를 폈다. 정기연락선이었던 셈이다.

그러던 강은 1976년경 막히고 오늘에 이르렀다. 어서 물길을 터야 한다. 그래야 뱃길이 나고 남도의 숨통을 트는 길이 된다.

잔치의 시작과 끝에 홍어가 있고

전라도에서 홍어는 잔치의 시작과 끝이다. 사람이 죽어 나갈 때에도 부고 돌리는 것과 동시에 홍어를 맞추었다. 홍어 없이는 초상을 못 치른다.

제물인 만큼 장보기를 남정네들이 나서는데 그 양이 엄청난 까닭이다. 지게에 바지게를 채워 장정들 앞세우는데 방석만 한 홍어가 잔뜩 지게 등에 업혀서 마을

위 홍어회 아래 홍어애

로 들어서는 장면은 진풍경이 아닐 수 없었다.

홍어 고르기도 전문장이가 마을에 꼭 한두 사람은 있게 마련. 상갓집이니 바로 쓸 것 같으면 삭힌 걸로 고르고, 급할 때가 아니면 시간을 두고 삭힌다.

들여온 홍어는 문상객 상에 골고루 나누어야 하기 때문에 광방의 엄격한 관리를 받게 되는데 손질하면서 생긴 자투리나 특수부위를 맛보는 것은 일손 넣는 사람들의 특권이다.

홍어는 부위별로 맛이 달라 부위를 무척 따지는 편이다. 생김이 넙덕해서 부위 나누기가 쉬운데 귀한 것일수록 양이 적은 것일까. 1코, 2애, 3날개, 4살, 그 다음은 부산물로 취급된다. 요리에 들어가면 다 쓰는 부위들이지만 호사가들의 취향이기도 하고, 그 선호도가 바뀔 수도 있다.

코는 톡 쏘는 부위인데 양이 적어 천신을 못 한다. 꺼끌거리는 혀 식감이 독특해서 사랑채 어르신들이 자시고, 애(간)는 싱싱하면 소금에 찍는데 그 고소함이 세상맛의 종합판이라고나 할까.

주로 손님상에 오르는 살과 날개 부위는 오독오독 차진 살과 파다닥 씹히는 식감이 일품이며 뼈는 오돌오돌하다. 그 외 꼬리, 생식기, 거죽도 홍어는 버릴 게 없다.

잔치가 끝나면 부산물까지 더해 홍어탕을 끓여 내는데 문상객은 물론 그간 대사 치르느라 노고를 아끼지 않은 상두꾼들에게 돌아간다.

그러니 전라도에서 홍어는 잔치의 처음이자 끝이라는 말이 과언은 아닌 것이다.

물 흐르듯 세월은 흘러 시대가 바뀌어도 그 맛습관은 여전해서 아무리 우아한 공간에서도 홍어 내는 것을 주저하지 않고 집안의 대소사를 치르는 데 비켜가는 법은 없다. 냄새 피우는 데 두려움이 없는 것이다. 향 냄새와 함께 홍어 냄새는 상가임을 증거하고 있으니, 이제 더 이상 이 세상 향기로 남지를 않는다. 전라도 사람이면 저승까지도 데려갈 음식인 것이다.

홍어애국

'먹을 줄 안다, 먹을 줄 모른다' 호불호가 분명하고 술자리에서는 좌중의 중심이다. "오늘 홍애 좋네!" 하면 상갓집이 잔칫집 되고 주거니 받거니 밑자리가 무겁기 마련이다.

홍어 맛 전국화의 일등공신은?

한때 홍어의 부흥기는 뜻밖에도 국내 정치상황과 맞물려 찾아오는데 1970~1980년대는 전라도 사람들의 이주가 본격화되는 시기이기도 하다.

젊은이들은 꿈을 좇아 도시로 떠나고 폭폭한 시골 살림살이 면해 보겠다고 밤봇짐을 싸던 흉흉한 시절, 이때만 해도 전라도에서는 서부, 특히 목포를 중심으로 하는 서남해안에서나 즐기던 음식인데 전국화하는 데 일등공신은 홍어삼합과 DJ이다.

정치판이 동교동, 상도동으로 나뉘던 시절 동교동에 도리방석만 한 홍어짝이 들어갔다네 하는 기사들은 일반 대중의 호기심을 자극하는 데 충분했다.

젊은이들은 꿈을 좇아 도시로 떠나고 폭폭한 시골 살림살이 면해 보겠다고 밤봇짐을 싸던 흉흉한 시절, 홍어를 전국화하는 데 일등공신은 홍어삼합과 DJ이다.

동교동에 핍박이 심하면 심할수록 홍어 주가는 올랐던 것. 이후 섬 출신 대통령이 탄생함으로써 재임 기간 내내 홍어 백넘버를 달고 다닌 셈이 됐다.

"맨맛한 게 홍애 좆"이라는 말

정약전은 『자산어보』에서 홍어를 음란한 어류로 지목하고 있다. 그러면서 홍어의 생김을 소상하게 다루고 있는데 주둥이는 뾰족하고 몸체는 연잎 같다 하고 입은 가슴과 배 부근이라 하고 꼬리는 돼지꼬리 같다 했다. 생식기는 양쪽 꼬리 쪽 두 개라고 적고 있다. 그러면서 흘레붙어 나온 것을

장독에 든 홍어

봤던지 주민들에게 그 음란한 행동을 반면교사로 삼을 것을 당부한다. 그도 그럴 것이 다들 하나씩인데 요놈만 두 개씩이나 달았으니.

실제 조업현장에서도 교미 중에 같이 붙어 올라오는 경우가 빈번하다고 한다. 어민들이 쾌재를 부른다는데 보통 암놈이 주낙에 걸리면 숫놈이 달려들어 걸려 나오니 본능을 억제 못 하고 죽음을 자초한다는 것이다.

"맨맛한 게 홍애 좆"이라는 말은 비속어면서 또 문화어다.

일반적으로는 '만만한'으로 쓰는데, 이곳 사람들은 '맨맛한'으로 발음한다. 말 습관에서 편의상 그런 것으로 보이지만 '맨맛=맛없음'으로 풀이되되 '존재감이 없다'로 해독할 수도 있겠다.

이 말의 유래는 홍어 수컷이 암컷보다 맛이 없어 생식기를 거세당한다는 데서 비롯된다. 사람 간의 갈등을 홍어에 빗대 에둘러 표현하는 것으로 억울함을 호소하는 약자의 대명사 같은 말이다. 말 속에는 항변과 비아냥이 혼재한다. 개인 대 개인, 개인 대 집단, 계층 간, 지역 간 사회적 이슈에 따라 다채롭게 구사할 수 있다.

전라도 사람 앞에 홍어 한 점은 그냥 음식이 아니다. 그걸 먹을 때는 흑산도가 떠오르고 영산강이 떠올려지고 전라도가 생각나고 전라도 사람이 생각나고….

만만한게
홍어좆이라
二〇〇八
교문종

박문종 「홍어」

묵은 된장과 쫄깃한 고기에
쥔장 입담 곁들인
오미 뚝배기

장원익_ 남도향토음식박물관 학예연구사

　　부스스 미닫이 철제문을 제치고 얼굴을 들이밀었
다. 식당 안은 몇몇 테이블에 손님들이 듬성듬성 앉아 있고, 젊은 할매는 쟁반을
쳐들고 분주하다.

　　"안 되겠소, 다음에 오소."

　　쥔장의 대뜸 건네는 말씀이 인정머리 없이 머리통을 훑고 지나간다.

　　"아니, 빈자리가 이렇게 많이 있는 디, 여그서 만날 일행이 있어서 그란디요,
삼사십 분 후에라도 오면 안 될까요?"

　　할매는 보지도 않고 "그렇게 해 보쇼"라는 말을 툭 던진다.

　　오미 뚝배기 식당은 전남여자고등학교 후문 쪽에서 복개도로를 타고 동명동
방향으로 200여 미터 올라오면 간판이 보인다. 식당 맞은편 표지목은 이곳 식당
주변에 아시아문화전당, 대인시장, 동구청이 있음을 보여 준다. 40여 년을 지나
온 청운슈퍼는 그대로이고, 그 옆 청운학원 자리는 주거 건물로 변했다. 식당 근처
에는 예술창작소 '꽃피다'와 예술의 거리에서 이전한 극단 토박이와 소극장 민들
레가 있다. 인근 마트 정자에 호젓이 앉아 있는 노인의 뒷모습이 을씨년스럽다. 빈

막걸리 통이 뒹굴고 있는 쓰레기 더미는 초가을의 낙엽들로 묻혀 가는데, 불볕더위의 여파는 한낮의 기운을 꽁꽁 묶어 놓고 있었다.

대접에 누운 7년 묵은지 맛 일품

쥔장과 일면식이 있는 일행을 앞세우고, 식당 문을 확 열고 들어갔다. "워따메, 뭔일로 고로코롬 사진을 찍었사요? 찍지 마소, 나 죽일라고 그라요." 쥔장이 먼저 선수를 치고, 너스레를 떨어댄다. 쥔장의 성정을 간파한 일행이 "걱정 붙들어매쇼, 안 잡아가요. 식당 입소문이 자자해서 한번 둘러보고, 두고두고 추억에 쓸라고 그런다요. 좋은 일에 쓸 것인께, 냅두고 얼른 밥이나 내오쇼"라고 맞받아친다.

미닫이문이 달린 안쪽에는 천장이 시원하게 확장되어 있다. 단골손님들로 보

이는 젊은 처자들이 스스럼없이 식탁을 정리하고 행주로 테이블을 훔친다. 술잔
과 채지 한 종지를 놓고 주름살마저 탱탱하게 보이는 젊은 할매는 금세 주방으로
후다닥 사라진다. 가뿐히 묵직하게 손끝에 걸린 막걸리 잔에는 뿌옇게 바랜 추억
이 한 올 한 올 피어오른다.

"80년대 중반 무렵이었제. 영광 백수염전 어딘가에서 두어 잔으로 술바닥을
드러내곤 했던 큼지막한 질그릇 동이 술잔이 생각나네. 허구헌날 그렇게 술을 마
셨던지. 지금 생각하면 아찔한 세월이었네. 그 동이 술잔에 밤새 막걸리로 들이붓
고 쏟아붓던 다음 날, 횡설수설로 초지일관으로 대들어서 쥐어터지고, 취조당하
고, 신분증 잽히고 간신히 풀려났던 기억이 새록새록 몸서리 쳐지네."

풋고추와 깨, 양파와 대파를 듬성듬성 올리고, 두툼한 돼지 불고기가 기름종이
위에 얹혀 나왔다. 커다란 대접에 한가로이 누운 묵은지 한 다발과, 파무침, 양배

추, 된장과 마늘, 양념장과 뚝배기 김칫국이 연이어 나왔다. 입안으로 꽉 차오르는 돼지불고기의 맛도 그러거니와 뚝배기 묵은지의 얼큰한 맛과 양은 대접에 누운 7년 묵은지 맛이 일품이다. 시꺼먼 된장은 40년 묵은 씨된장을 살려서 아직도 계속해서 사용하고 있다고 한다.

"근디, 오미 뚝배기가 뭐다요?"

"뭐긴 뭐겠소. 오미는 오미고, 뚝배기는 뚝배기지 뭐다요. 사진 찍고 물어봤썼고, 바빠 죽겠는디."

옆 테이블에 처자들이 묻는 말에, "그려, 매실 담글라고 그라제. 설탕 많이 느면 안 돼, 약간 넣어, 초파리가 끓어야 써, 가는 모기장이나 헝겊떼기로 야무지게 싸서 보관하면 돼."

"지금은 돼지 불고기만 혀"

막걸리 잔이 한 순배 돌고, 주방일이며 서빙 타임이 느슨해지자 연륜이 묻어나는 쥔장의 붙임성 있는 입 서비스가 전해진다. "묵은지 맛이 괜찮지라? 예전엔 광주에서 내로라고 하는 술꾼들이 득실득실 했제. 생선도 많이 취급혔어. 지금은 안~혀, 손이 많이 가서 혼자는 못 해 묵어. 전남도청이 이전한 디로는 귀신 나오게 생겼어. 문화전당? 말도 마소, 평당 가격이 쫄아들었어, 더 죽었단 말이시. 요즘도 가끔 병치회나 찜을 해주라는 사람들이 있는디. 지금은 돼지불고기만 혀. 젊은 사람들이 많이 찾아 예약을 해야 돼. 병어 고것은 경상도 통영이니 뭐니 해도 군산 것이 지대로인디. 고개미젓을 묵고 사는 병치를 써야 왔다지."

"근디요, 목이 메서 그런디, 물 한 사발만 갔다주면 안 되것소?"라고 무심코 물었다.

"그려, 싸게 갔다 줘야제. 지체 높으신 영감탱이들도 물은 각자가 알아서 묵는

디. '셀프'라고 떡하니 베름빡에 써서 붙어진 것을 두 눈으로 목도허고도, 갔다 바치랑께. 암만, 갔다 줘야제. 좌우당간 뭔 사연인지 몰라도, 막걸리 한 잔에 얼굴이 삘게가지고, 목소리도 솔찬허고, 사진도 마구 찍었샀제….”

주절거리면서 어느새 휙 하고 물통을 놓고 간다. 물을 마시다 말고 속으로 "아이고, 이 할매, 밥 남기면 또 뭔 잔소리를 할까 무서운디” 하면서 밥 덩어리를 찬물에 말아 후루룩 마시고, 채지를 오물오물 씹으며 식당 밖으로 나왔다.

붉게 물든 오미와 흐릿한 뚝배기의 간판글씨가 보인다. 이 집 다섯 가지 맛은 아마도 '어리버리한 손님을 대하는 쥔장의 화통한 입담 맛', '창자를 자극하는 뚝배기의 얼큰한 맛', '혓바닥에 착 감기는 40년 묵은 된장의 눅눅한 맛', '순국산 돼지 불고기의 쫄깃쫄깃한 맛', '7년 묵은지의 간담을 써늘하게 하는 맛'이 아닐까? 식당 문을 처음으로 두드린 낯선 이를 유쾌하게 배려하는 쥔장의 입 서비스는 그 오미 중 으뜸이라 할 만하다.

차림   돼지불고기(1인) 12,000원, 기타 주류 등

주소   광주 동구 동명로 8-5(장동 58-19)

연락처   062)234-4694

현재 쥔장이 서빙까지 하여 매우 바쁘니, 미리 예약을 하시고 방문하시기 바랍니다.

전라도 음식 이야기는
영혼의 양식

황풍년_ 광주문화재단 대표이사

고향집 엄니 밥상에는 두고두고 잊지 못할 이야기
가 많다. 상에 오르는 모든 음식들마다 사연이 다뿍 들어 있으니, 상차림이라는 게
이야기보따리인 셈이다.

전라도 남쪽, 작은 도시 순천의 변두리에서 보낸 유년 시절을 돌아보면 동네
어느 집이든 먹고살기 참 팍팍했다. 집집이 엄니들은 '돌도 삭히고 쇠도 녹인다'는
어린애들의 배를 채우느라 무던히도 애를 쓰셨다. 값비싼 찬거리를 장만해 끼니
마다 산해진미를 내놓을 수는 없었지만, 온갖 지혜와 정성, 지독한 몸공으로 자식
새끼들을 키워낸 장한 엄니들의 음식 내력일랑 굽이굽이 유장하다. 그 음식들의
가짓수를 열거하자면 끝없이 이어지는 아릿한 추억의 파노라마에 빠져든다.

올 여름 여느 날처럼 땡볕이 내리쬐는 한낮엔 보리밥과 갈치속젓이 머릿속에
환하게 그려진다. 벌써 사오십 년이 흘렀는데도 말이다. 천지사방을 쏘다니며 동
무들과 뛰어놀다가 시커멓게 그을린 얼굴에다 온몸을 땀에 절여 후줄근한 행색으
로 집 마당에 들어서곤 했다.

엄니는 "오메~ 덥도 안흐냐?"며 우물가로 손을 잡아끄셨다. 웃통을 벗고 엎드

담양 창평의 특산품 쌀엿을 만드는 과정. 시어머니와 며느리가 엿을 잡아당기며 늘리는 작업에서 전통음식과 그 속에 담긴 이야기가 대물림된다. ⓒ 전라도닷컴

신안 만재도 엄니들이 자연산 미역을 채취하기 위해 가파른 벼랑을 내려가고 있다. 미역 한 가닥에도 수많은 섬마을 엄니들의 손길과 땀방울이 들어 있다. ⓒ 전라도닷컴

리면 시원한 샘물이 등으로 쏟아져 순간 온몸에 오소소 소름이 돋았다. 몸을 닦고 주섬주섬 옷을 걸친 뒤 마루에 앉으면 뚝딱 차려진 밥상이 기다리고 있었다.

시금한 김치맛,
비릿하면서 짭조름한 갈치속젓

보리밥, 열무김치, 풋고추, 갈치속젓 그리고 찬물 한 그릇! 이따금 찬물 대신 데친 호박잎과 양념장이 상에 오르기도 했다. 찬물에 보리밥을 훌렁훌렁 말아 허겁지겁 숟가락질을 했다. 풋고추를 뚝 끊어 갈치속젓에 푹 찔렀다가 꺼내 열무김치 가닥을 둘둘 감아서 한 입 베어 물었다. 시금한 김치맛과 비릿하면서도 짭조름한 갈치속젓이 입안에 엉기고 나면 매운 고추의 뜨거운 열기가 입 안을 확 태운다. 얼른 물밥을 떠먹으면서 그 맵짜고도 오묘한 화기를

맵찬 바람 끝에서 미미한 훈김이 느껴지는 이른 봄에도 구구절절 사연 많은 음식체험이 있다. 추위가 설핏 누그러지면서부터 전라도 여기저기서 "물 터진다"는 기별이 온다.

가라앉히면 어느새 손에는 남은 반쪽의 풋고추가 들려 있었다.

눈물을 질금거리며 더운 입김을 후후 내뱉으며 고개를 들면 삶은 보리밥을 담은 대소쿠리가 시렁 아래서 흔들거리고 있었다. 엄니는 "아이고 천천히 잔 묵어라, 체흘라"시며 내 등짝을 연신 쓸어내렸다.

고등학교를 졸업하면서 나는 엄니 품을 떠났지만 긴긴 객지살이 내내 갈치속젓의 맛은 쉬 포기할 수 없었다. 엄니도 외아들의 유별난 젓갈 취향을 아시는지라, 고향집에 들를 때면 기다렸다는 듯 갈치속젓을 꾹꾹 눌러 담은 반찬통을 챙겨주셨다. 서울의 달동네와 반지하 자취방에도, 광주의 아파트에도 나는 갈치속젓의 꼬리한 냄새를 품고 살았다. 젓갈 통의 뚜껑을 열자마자 마음은 쏜살같이 고향으로 내달리고 그리운 엄니 품속으로 이끌려가는 아련한 감성에 젖어들었다. 세파에 부대끼며 척박한 객지의 삶터를 일구며 보듬시 제 앞가림을 하기까지 갈치속젓에 담긴 향수와 모정이야말로 마르지 않는 에너지원이었다.

10여 년 전이었을 게다. 모처럼 순천집에서 하룻밤을 자고 엄니와 함께 새벽시장을 보러 나갔다. 전라도 오일장 가운데 손꼽히는 큰 장인 '순천아랫장'의 어물전에서였다. 엄니는 갈치장수 아짐과 반갑게 인사를 하고 몇 말씀을 나누신 뒤 검정 비닐봉지를 건네받았다. 제법 묵직한 봉지 안에는 갈치 대가리, 긁어낸 내장, 꼬리 쪼가리 등속이 잔뜩 들어 있었다.

갈치를 사러 온 대부분의 손님들은 손질을 주문했고, 갈치장수 아짐은 대가리와 꼬리를 잘라내고 배를 갈라 내장을 끄집어낸 뒤 몇 토막을 내어 팔았다. 갈치를 손질하는 도마 옆으로 버려지듯 수북이 쌓여가는 부산물들이 바로 갈치속젓의 원재료였던 게다.

갈치라면 유별난 비린내를 풍기는 생선이요, 게다가 그 내장 따위가 아니던가. 갈수록 젓갈류를 마다하는 사람들이 늘어나는데…, 울 엄니는 갈치속젓을 직접 담기 위해 수십 년 동안 어물전을 일부러 들락거리셨던 게다. 못난 아들의 구접스런 입맛을 맞추기 위해 남들은 한사코 던적스럽다 여겨 기피하는 갈치내장 등속을 꼬박꼬박 챙기셨던 게다.

맨손으로 추리고 자르고 다지고 소금을 뿌려 간을 맞춰내셨을 숱한 날들과 긴 세월을 헤아리자니 가슴이 미어지면서 눈두덩이 뜨거워졌다. 나는 오일장터 한복판에 서서 한참 동안 멍하니 하늘을 올려다보았다.

"갈치속젓 새로 당가났는디…."

"의사가 자꾸 짠 것 묵지 말라고 흐네요."

그날 이후 울 엄니표 '소울푸드'와 작별했다. 그리하여 울 엄니표 갈치속젓은 내 몸의 감각에 얽매이지 않고도 언제든 음미할 수 있는 애틋한 영혼의 음식이 되었다.

맵찬 바람 끝에서 미미한 훈김이 느껴지는 이른 봄에도 구구절절 사연 많은 음

벌교 장도 갯벌에서 널빤지 배를 타고 꼬막 채취 작업을 하는 엄니들. 당신들이 살아온 굽이굽이 인생사는 꼬막 맛보다 쫄깃하고 게미지고 감동적인 맛이 있다. ⓒ 전라도닷컴

맨손으로 추리고 자르고 다지고 소금을 뿌려 간을 맞춰내셨을 숱한 날들과 긴 세월을 헤아리자니 가슴이
미어지면서 눈두덩이 뜨거워졌다.

식체험이 있다. 추위가 설핏 누그러지면서부터 전라도 여기저기서 "물 터진다"는 기별이 온다. 경칩 무렵에 절정을 이루는 고로쇠수액이다. 오래전부터 순천, 광양, 구례 등 전라도 동부권 사람들이 즐겨온 자연의 선물인데, 깊은 산골의 산지에서나 마실 수 있는 '귀물'이었다.

어린 시절을 돌아보면, 고향 마을 사람들은 여럿이 한데 어울려 백운산 계곡이나 선암사 골짜기로 물을 마시러 다녔다. 나도 초봄의 연례행사에 엄니 손을 잡고 따라다니던 기억이 생생하다. 뜨끈뜨끈한 구들방에서 밤을 꼬박 지새우며 물을 마실 때면 온갖 이야기들이 방 안에 가득했다. 물맛도 좋았지만 골리수(骨利水)에 얽힌 재미있는 이야기들이 어쩌면 물맛보다 훨씬 게미졌다.

요즘이야 고로쇠 나올 시기에 전화 한 통화의 주문으로 전국 어디에서나 편리하게 고로쇠수액을 받아 마실 수 있다. 하지만 물맛보다 더 차지고 게미지고 저릿했던 오만 가지 사람살이의 구구한 사연들까지야 배달될 수 있으랴.

우리 6남매는 해마다 초봄이면 엄니를 모시고 고로쇠 물마시기 가족 여행을 했었다. 슬하의 증손들까지 온 집안 식구들이 1박 2일 일정으로 치르는 대사였는데, 몹쓸 돌림병 탓에 3년째 오순도순 복닥복닥 피붙이들의 정겨운 부대낌조차 끊길 판이다.

아! 물맛도 이야기도 아련하고 가물가물하다.

웅숭깊은 한국의 맛, 매생이국, 다슬기회무침, 홍애국…

"여기 아욱국과 매생이국이 있습니다. 자! 매생이국 드실 분 먼저 손을 들어주세요."

어느 해 여름날에 전남 강진에 있는 다산 정약용 유배지의 주막에서다. 전국에서 모여든 20여 명의 화가들이 점심식사 메뉴를 고르던 참이었다. 겨울철의 진미

고등학교를 졸업하면서 나는 엄니 품을 떠났지만 긴긴 객지살이 내내 갈치속젓의 맛은 쉬 포기할 수 없었다.

매생이를 여름에도 먹을 수 있다 하니 아욱국보다 매생이국 주문이 훨씬 많았다.

"다산 선생이 유배지에서 가르친 제자 가운데 황상이라는 선비가 있었습니다. 그런데 어느 날 집에 찾아온 스승에게 손수 기른 아욱으로 된장국을 끓여 드렸다고 합니다."

옛이야기 한 토막을 들려준 뒤 다시 음식을 선택하도록 했을 때, 모든 사람들이 하나같이 아욱국을 주문한 것은 어쩌면 당연한 이치였다.

전라도 골골 엄니들의 제철 밥상을 찾아다니며 새삼 깨달았다. 엄니들이 차려낸 다채로운 음식들의 맛이란 기실 삶에 얽힌 이야기의 맛이었다.

서러운 세월을 온몸으로 헤쳐 온 애환이 담긴 애잔한 음식, 자식새끼들 배를 곯리지 않으려는 궁리 끝에 나온 지혜로운 음식, 모진 가난을 슬기롭게 이겨낸 엄니들의 끼니끼니마다 오묘하고 웅숭깊은 한국의 맛이 배어 있었다.

화순의 팔순 엄니는 암모니아 가스탄을 터트린 것처럼 지독한 고린내를 풍기는 홍어애국을 끓여주셨다. 서른 몇 살에 홀로 돼 아홉 남매를 억척스레 건사해온 당신의 애간장이 닳고 삭아 내는 맛일까 싶을 만큼 오감을 저릿하게 흔들었다. 그러나 사방이 꽉 막힌 듯한 운명을 스스로 뚫어냈듯 끝내 시원한 쾌감을 남겼다. 잊을 수 없는 감동의 맛이었다.

임실 진뫼마을의 김용숙 아짐은 친정엄니가 해주시던 다슬기회무침을 만들었다. 친정엄니는 농사일 틈틈이 섬진강에 나가 다슬기를 잡았다. 눈이 쓰리고 허리가 끊어질 듯 아팠지만 아이들의 주린 배 속에 뭣이라도 넣어주자니 멈출 수 없었

가을이면 전라도 집집이 전어 굽는 고소한 내음이 담장을 넘어 고샅으로 퍼진다. "집 나간 며느리도 돌아온다"는 해묵은 이야기도 가을 내내 회자된다. ⓒ 전라도닷컴

다. 씨알이 굵은 다슬기는 국을 끓이거나 찜을 찐 뒤 날카로운 탱자가시 따위로 파 먹을 수 있었다. 너무 자잘해서 버리기 십상이던 짜시래기들이 재료였다. 다슬기를 삶아 꺼낸 뒤 확독에 넣고 껍질째 마구 갈고 여러 번 체로 쳐서 알갱이만 추려 회무침을 하기까지 쏟은 정성이 오죽했으랴. 자식들의 입속에 하나라도 더 넣어줄 일념이 오롯이 담긴 음식이었다. 이렇듯 가난이 빚어낸 눈물겨운 음식은 자식들을 튼실히 살찌우고 오래오래 지울 수 없는 맛과 기억으로 남았다.

음식이 혀끝에 미치는 감각이나 배 속의 포만감 따위에만 머물러 있다면 몸을 채우는 물질에 불과할 터이다. 그러나 음식을 둘러싸고 벌어지는 수많은 사람들의 구구절절 사연이 있기에 사람의 영혼에까지 울림을 준다.

흔히 '전라도 음식이 최고'라는 데 이론의 여지가 없다. 산과 들, 바다와 갯벌에서 온갖 물산이 풍성하게 나는 전라도의 산해진미는 가히 압권이다. 하지만 그 속에 담긴 이야기의 맛을 알게 될 때라야 전라도 음식은 몸의 양식을 넘어 영혼의 양식이 된다.

제주

언제나 든든한
갯것의 짠맛으로 채워진
'갯것이식당'

김지희_ 한그루 편집장

"미역철에는 물질만 하면 끝이 아니야. 물먹은 미역 찬물에다가 옮기고 굵은소금 뿌려 대여섯 번은 빡빡 치대고 빨아야 깨끗하고 부드러워져. 깨끗하게 빤 미역은 물기 꽉 짜서 빨래 열듯이 하나하나 빨랫줄에 여는 거지. 그렇게 바닷바람에 꾸덕하게 말려서 내다 파는 거야. 혼자서는 절대 못 하지. 해녀들이 미역을 해 오면 동네 사람들이 너나 할 것 없이 나와서 다 도왔단다. 엄마는 정말이지 봄바람이 제일 싫었어. 바닷바람은 겨울보다 봄에 더 힘들거든. 어찌나 세차고 춥던지 절로 눈물이 막 삐져나왔다니까. 그렇게 고되고 바쁜데 밥 차려 먹을 정신이 어딨겠니. 다 같이 미역국 한 솥 짜갑게 꼬아서 나눠 먹고 그랬지. 다들 일이 힘드니까, 사는 게 힘드니까 짜갑게 먹어야 버텼어. 바다선 짠맛이 사는 힘이야."

– 『고등어: 엄마를 생각하면 마음이 바다처럼 짰다』(고수리, 세미콜론, 2020) 중에서

이 글의 처음을 연 문장은 '고등어'를 주제로 쓴 에세이에서 가져왔다. 저자의 할머니는 제주 해녀였다. 저자는 생애 처음 배운 맛이 짠맛이라고 말한다. 미역과

위 갯것이식당 아래 온통 갯것들로 채워진 차림표

톳과 오징어와 고등어를 먹으며 자랐다고. 짠맛과 비린내와 할머니와 엄마의 살
냄새가 배어 있는 음식을 먹으며 피가 돌고, 살이 찌고, 키가 쑥쑥 컸다고.

입이 꺼끌하고 속이 횅해지면 찾는 맛

제주의 음식을, 제주의 맛집을 소개하는 글을 쓰
자니, 왜 자꾸만 바다가 먼저 다가와 철썩철썩 마음을 때리는 걸까. 온갖 먹을 것,
혹은 먹을 것을 살 수 있는 것을 품었던 제주 바다 말이다.

마음을 가다듬고 지난 일주일 동안 먹은 점심 메뉴를 복기해 보기로 한다. 제
주 토박이들만 모인 출판사 식구니, 그 메뉴에서 뭔가 건져낼 수 있지 않을까 하는
마음! 그런데 여느 직장인의 메뉴와 다르지 않다. 각종 찌개류와 국수, 해장국, 햄
버거, 닭볶음탕, 짬뽕, 설렁탕, 순두부, 낙지볶음…. 사방으로 바다가 코앞이라 오
히려 바다가 멀어졌다.

그렇게 조미료와 향신료와 튀김과 밀가루에 목을 잡혀 살다가 입이 꺼끌하고
속이 횅해지면 우리는 갯것으로 간다. '갯것'은 바닷물이 드나드는 곳에서 나는 해
산물을 말한다. 같은 이름을 단 '갯것이식당'에 가면 잊었던 제주의 밥, 우리의 영
혼을 달래줄 '짠맛'이 있다.

이 식당이 언제부터 있었는지는 정확히 알 수 없다. 출판사에서 일한 지 20년
인데, 첫 출근 때도 있었고, 학교에 다닐 때도 있었고, 그보다 어렸을 때도 있었다.
이쯤 되면 정말 제주 바다처럼 항상 그곳에 있었던 게 아닌가. 그때나 지금이나 별
로 달라진 게 없다. 조금씩 낡아가면서 조금씩 나이 드는 손님들을 맞아준다. 주메
뉴는 역시나 갯것에서 나오는 것인데, 특히 성게국, 보말국을 많이 주문한다.

안을 둘러보면 제주어가 왁자지껄하다. 현지인 맛집이라 할 만하다. 관광객들
이 많이 찾았을 때도 있었겠지만, 이젠 다들 더 화려하고 소문난 맛집에 몰려갔나
보다. 유명인이 티브이에 나와 소개하고 SNS에 오르고 그림 같은 인증샷이 뜨면

활한치물회와 보말성게국과 옥돔구이 상차림

갯것이식당의 뜨아와 아아, 성게보말국과 한치물회

서 우리는 단골 식당을 많이 잃었다. 긴 줄을 뒤로하고 입맛을 다신 적이 한두 번이 아니다 보니, 맛집 소개라는 글 앞에서 달기도 하고 쓰기도 하다.

남녀노소 입맛 돋우는 성게보말국

여름이라 식당 앞 수조에 한치가 들었다. 올해도 한치가 잡히기 시작했다는 말을 듣자마자 이곳으로 달려와 활한치물회를 먹었다. 성게국과 보말국을 합쳐놓은 성게보말국도 빼놓을 수 없다. 원고를 핑계로 옥돔구이도 시켰다.

활한치물회는 기호에 따라 제핏가루와 빙초산을 넣어 먹으면 된다. 갯것이식당의 주인공 격인 성게보말국은 아이 어른 할 것 없이 먹기 좋다. 옥돔구이는 꼭

배가 갯것으로 채워지니 바다에 들어앉은 듯
속이 든든하다. 마음도 든든하다. 갯것이 갯
것을 먹으니 당연한 일인가 싶다. 섬에서 나서
섬의 것을 먹고 자라 이제 섬 이야기를 책으로
만드는 우리에게 갯것은 언제나 든든한 '짠맛'
이다.

대가리까지 꼭꼭 씹어먹을 것!

　이 식당에서는 밥을 한 양푼에 준다. 온 식구가 둘러앉아 양푼밥 하나에 자리젓
(자리돔젓갈)을 놓고, 우영팟(텃밭)에서 되는 대로 뜯어온 송키(채소)로 배를 채웠
던 제주 밥상의 흔적이랄까. 나오는 촐래(반찬) 모두가 입에 맞고 기억에 맞다.

　짧은 점심이지만 배가 갯것으로 채워지니 바다에 들어앉은 듯 속이 든든하다.
마음도 든든하다. 갯것이 갯것을 먹으니 당연한 일인가 싶다. 섬에서 나서 섬의 것
을 먹고 자라 이제 섬 이야기를 책으로 만드는 우리에게 갯것은 언제나 든든한 '짠

맛'이다.

'내 영혼의 수프' 같은 접짝뼈국

갯것이식당 외에도 소개하고 싶은 곳이 많았다. 오랜만에 찾은 화성식당의 접짝뼈국은 변함없이 '내 영혼의 수프' 같은 맛이었고, 동문시장 안에 있는 자연몸국의 몸국(모자반국)과 바로 옆 골목식당의 꿩메밀국수는 생각만 해도 몸이 녹아내릴 것 같다. 우진해장국의 고사리육개장, 자매국수와 남춘식당의 국수는 긴 줄이 원망스럽기만 하다. 홍소반의 돔베고기 정식은 내일이라도 먹으러 가 볼 셈이고, 영자포차의 영자 사장님 안부도 궁금하다.

어린 시절, 이웃의 식게(제사)를 먹으러 간다고 엄마에게 쌀 한 보시기를 얻어 품에 안고 있다가 잠이 들어버리면, 다음 날 식게를 치른 삼춘(제주에서 성별이 관계없이 어른을 이르는 말)은 내 몫이라고 기름떡 하나, 빙떡 반쪽, 고사리계란전 하나, 옥돔 한 토막, 돼지고기적 한 꼬치를 들고 왔다. 잔치가 벌어지면 커다란 들통에 몸국을 가득 끓여 집집마다 돌리고, 돌담에 척 걸쳐놓고 순대를 채우는 삼춘 옆에서 모두 입맛을 다셨다. 섬의 들과 바다는 우리에게 아낌없이 주고, 우리는 나누었다.

그 짠짠한 맛의 기억으로 우리는 더욱 쫀쫀한 제주의 책을 만들기로 한다. 그리고 가을에 광주에서 맛보게 될 남도의 맛을 기대하며 입맛을 다셔 본다.

위 양푼밥과 자리젓, 송키 아래 옥돔구이

산들바다, 갯벌에서 차린
밥상 고창 솜씨맵시
포근푸근 담겼네

이대건_ 책마을해리 대표

고창이다. 서에서 동으로, 바다에서 내륙으로 다채롭다. 계절을 대입하면 오만 가지 색으로 찬란(燦爛)하다. 그 찬란이 빚어놓은 음식은 또 어떨까? 어쩌다 '복분자에 장어'가 대표 음식이 되어 고창하면 장어, 고창하면 복분자 하는 등식이 세워졌지만, 그 두 음식의 그늘에 가려진 여러 음식들 아우성이 나만은 크게크게도 들린다. 험험 그래도 이 자리는 로컬 음식 소개자리이니, 고창 대표선수 복분자와 장어 이야기를 아니 할 수는 없는 법. 복분자는 이제 고창복분자, 하고 지역 이름을 붙여 자연스러운 대표 먹거리다.

다양한 음식 궁합으로 밥상 풍성
복분(覆盆), 다소 경망스런 별호이다. 장복을 하면, 오줌발이 세져서 요강이 뒤집어진다는 남사스런 이야기를 배후에 둘러세우고 있으니 말이다. 여러 가지 산딸기류 가운데 밭으로 내려 적응시킨 반려 산딸기, 수확량을 늘리고 기능성을 증대한 버전이다. 복분자는 술로 빚는 방식이 가장 일반적이다.

고창 가가호호는 가양주로 복분자주 한두 항아리는 다 담는다. 검붉게 복분자 알갱이가 밭에서 밭으로 익어가는 6월 중순부터 하순에 이르러, 고창은 복분자 단 내와 술의 매운내가 진동한다. 100일이 다해 얼추 술 익어가는 추석 무렵, 그 집집 마다 복분자를 걸러내는 일로 한 번 더 분주하다. 이때부터 성마른 사람들은 반주 로 한 잔 두 잔이 한 병 두 병으로 이어지는 법이고(한 병 두 병의 병 단위는 1.8리 터 페트병을 말하니, 술 양이 여간하지 않다) 원액 그대로 건강식으로 삼거나, 식 초로 발효음식 대열에 놓이기도 한다. 복분자는 술, 하는 대응에서 벗어나 다양한 궁합으로 여러 음식과 만나 밥상을 풍성하게 하고 있다.

줄포만 부비며 토실해진 식감 그대로

장어 앞의 경건한 수식, 풍천(風川)은 대개 강과 바다가 만나는 기수역(汽水域)을 말한다. 바다의 바람과 뭍의 바람이 섞이는 지형 을 말하는 것이다. 고창은 이 보통명사 풍천을 고유명사로 부른다. 고창 내륙을 훑 고 바다로 흐르는 인천강(전북 5대 강에 든다)의 지류, 선운사 고랑을 타고 본류인 인천강으로 이어지는 천(川)의 이름이 오래전부터 풍천이었던 것이다. 그러니 풍 천장어는 어디나의 풍천이 아니라, 여기 고창 땅의 풍천에서 나는 장어를 일컬어 오는 것. 풍천장어는 대개 구이로 차린다. 소금구이·양념구이로 대별해 메뉴를 장 식했는데, 지금은 소금구이 일색이다. 풍천을 거스르며 기나긴 줄포만(고창 사람 들은 고창만이라고도 한다)을 부비며 토실해진 식감 그대로를 느낄 수 있다. 양념 구이는 복분자 고추장 양념으로 따로 나오거나, 없더라도 요청하면 부리나케 대 령이니, 이 맛 저 맛 두루 맛보실 수 있다. 장어구이 말고도 시레기를 함께 갈아넣 은 장어탕도 일품이다.

고창을 배후에 두고 입버릇처럼 앞장세우는 이 두 가지 음식에 더불어, 고창을 상징하는 먹을거리가 여럿이다. 우리나라에서 야트막한 산들을 너른너른 밭으로

개간하기 시작한 1980년대, 고창에서도 동남쪽 야산지대를 대규모로 개간해 밭으로 만들었다. 그 어마, 어마한 들녘을 채운 것들이 수박, 땅콩 등이다. 1980년대 후반에서 1990년대 중반, 익숙해진 고창수박이 이렇게 태어난다. 땅콩도 마찬가지다. 중학에서 고교로 이어지던 무렵, 읍내 아짐들이 버스로 한 차씩 땅콩 수확에 품을 보태기도 했으니.

바지락 가득한 돌솥밥에 죽, 전까지

다시 풍천장어 떼가 펄 바닥을 타고 오르는 인천강 하구, 지금은 람사르습지이며 세계자연유산 고창갯벌로 향한다. 고창군 심원 사람들이 물때 맞춰 트랙터에 짐칸 달아 만든 뻘차 행렬이 장관인 곳이기도 하다.

바다가 멀리 나갔다 속 깊숙이 되돌아오는 대조기(大潮期)면 물길이 열려 걸어 들어갈 수 있는 섬, 대죽도로 이어지는 갯벌 길 따라 광활한 뻘밭에서 자라는 먹을거리 이야기다.

바지락이다. 한때 고창은 우리나라 바지락의 70%를 키워낸 곳이었다. 뭔가 바다 생태가 바뀌었는지(누구는 새만금 물막이 뒤, 해류가 바뀌었다는 데 혐의를 두기도 한다) 이제는 30% 남짓으로 줄기는 했어도, 단일 산품이 전국 30%라니, 이

만해도 '주산지' 소리 듣기 부족함이 없다.

바지락 대표 음식은 단연 바지락칼국수이다. 바지락칼국수를 내어놓는 모모한 식당들이야, 주산지로부터 불과 몇 백 미터 상관에 있으니, 고창바지락칼국수는, 일단 신선한 바다향이 고스란하다(이 글 쓰는 늦은 밤, 절로 고이는 침이라니, 무척 괴롭다, 괴롭다). 씨알도 굵다. 멸치, 북어대가리, 무, 다시마에 파뿌리로 고아낸 육수에 애호박, 당근, 매운 고추며 젓갈 조금에 간을 맞춘 바지락칼국수. 참, 어떤 집은 단호박을 깍둑썰기로 썰어넣기도 하고 어떤 집은 함초를 넣기도 한다. 일명 함초바지락칼국수. 어떤 장어집은 이 바지락칼국수를 후식으로 '비교적' 저렴하게 내놓기도 한다. 챙겨먹을 일이다.

바지락은 알큰달큰한 초무침으로도 일품이다. 전으로도 부치는데, 바지락 살차지게 씹히는 맛이 한동안 잊히지 않을 테니 바지락돌솥밥이며 함초바지락죽과 더불어 바지락전도 메뉴에서 빠뜨리지 마시기를.

복분자에 장어, 바지락칼국수로 실컷 요기 마쳤으니, 이제 슬슬 입가심으로 고창멜론 밭으로나 가 볼까나.

장수

자연이 내준
산골 밥상의 행복

조혜원_ 글작가

내게 참 소중한 산골 손님이 오시는 날이다. 밥상을 차려야 한다. 뭔가 특별한 것을 내지는 않는다. 산골의 맛은 자연이 주는 나물 밥상이 사철 자리를 차지한다. 봄, 여름, 가을 제철에 먹고 남은 것은 갈무리해 묵나물로 겨울에도 알차게 섭취한다.

봄이니까 봄나물 밥상을 차려야지. 산골 손님을 위한 장보기, 어디로 갈까? 멀리 갈 거 없이 들로, 산으로! 단, 장을 보는 일은 같이 사는 남자에게 맡겼음. 나는 나대로 집 안에서 따로 준비할 일들이 넘쳐나기에.

한 시간 넘게 텃밭에서 머물던 옆지기가 잔뜩 장을 봐 왔다. 먼저 그동안 여러 차례 입을 행복하게 해준 냉이를 꺼내네. 며칠 지나면 억세질 거라서 아마도 이번 냉이가 마지막이 될 듯. 그러곤 뭔가 색다른 '풀'을 야심차게 보여준다. 광대나물이다! 둥근 잎이 광대가 입는 옷의 목깃처럼 생겼다고 해서 이름도 '광대나물'이라는데 맛은 과연 어떨까. 한 번도 해 보지 않아서 궁금증이 일렁인다. 이따 만들어 보면 알게 되겠지. 하여튼 우리 집 남자, 시키지 않아도 알아서 잘도 먹을거리를 마련해 온다.

위 둥근 잎이 광대가 입는 옷의 목깃처럼 생겼다고 해서 이름도 '광대나물'이다. 뿌리는 약으로도 쓴단다.
아래 보랏빛 줄기가 매혹 넘치는 머위! 살짝 데치면 푸릇푸릇함도 오동통한 줄기도 더 생기가 도는 듯하다.

점심 먹고서는 또다시 장을 본다는 남자. 이번엔 앞산이란다. 한 시간도 채 안 돼 보랏빛 줄기가 매혹 넘치는 머위를 한 소쿠리 담아왔다. 쌉쌀하고 오동통한 머위나물, 생각만 해도 입에 침이 고인다.

광대나물, 두릅, 머위, 냉이…

냉이, 광대나물, 머위 뜯고 다듬고 씻기까지, 혼자서 야무지게 마무리한 남자. 좀 쉬라는데도 말을 안 듣고 또 장을 봐야겠단다. 아무래도 두릅이 열렸을 거 같다면서. 조금 먼 뒷산으로 나서는 걸 굳이 말릴 수도 없고. 잘 다녀오라고 콩으로 만든 마실거리 하나 쥐여 줬지. 지금까지 가져온 것만으로도 반찬거리 밑 준비를 하느라 나도 집에서 무척 바쁘다. 냉이, 광대나물, 머위 데치고. 텃밭에서 미리 캐 둔 삼 년 묵은 도라지 다듬고. 슬쩍 지치기에 잠시 쉬려는데 밖에서 무슨 소리가 난다.

"여기, 장 본 거 구경 좀 해 봐!"

뭔가 많이 들뜬 목소리다. 냉큼 나가서 보았지.

"우와, 두릅이다!"

허름한 장바구니를 여니 무시무시한(?) 낫과 함께 이쁜 두릅이 슬며시 보인다(아마도 험한 산길 헤치며 다니느라 낫을 들고 갔나 봐). 올해 처음 만나는 귀한 산 두릅! 게다가 향긋한 어린 취도 보이고, 앙증맞은 고사리까지! 생각지도 않은 귀한 반찬거리를 잔뜩 안겨 주다니, 밥상 준비하는 마음이 못내 행복하다.

막 꺾어 온 고사리를 보면서 지난해 말려 둔 고사리를 꺼낸다. 조금밖에 없어 아껴 둔 건데 햇고사리가 생겼으니 아낌없이 내주리. 게다가 이번 산골 손님은 고사리를 무척이나 좋아하기까지 하니까.

산골 장보기는 끝났고. 본격으로 봄을 부르는 봄나물 반찬 만들기에 들어간다.

주르륵 늘어선 제철 봄나물들을 보며 어느 것부터 먼저 할까 궁리궁리. 그래,

두릅에 어린 취에 고사리까지. 산골짜기에서 제대로 장 봐 왔네!

도라지무침부터! 오래 두면 색이 바뀌니까 빨리빨리 해야지. 고추장, 고춧가루, 매실액, 식초, 마늘, 양파, 파 넣고 조물조물 무치니 빨간 때깔이 어찌나 먹음직스러운지. 한입 먹어 보니 맛도 그만이야. 산골 손님 입도 분명 좋아하겠지?

나머지 봄나물도 마저 해야지. 된장, 고추장, 집간장, 참깨, 참기름, 마늘까지 온갖 양념들 주르륵 꺼내 놓는다. 자, 처음 만나는 광대나물부터 시작해 볼까. 나물 본연의 맛을 느낄 수 있도록 간을 약하게 해야지. 간장, 마늘, 참기름만 넣고 조물조물. 맛 좀 볼까? 살짝 쫄깃하고 담백하네. 다만 특별한 향이 없어 개성은 좀 떨어짐. 그래도 좋아, 광대나물이라는 이름 떠올리며 재밌게 먹을 수 있을 테니까.

이어서 기다리고 기다리던 취나물 대령. 어린잎이 어찌나 어여쁜지. 씻을 때도 살짝 데칠 때도 코끝을 간질이던 향긋함에 마구 설레기만 했지. 간장, 마늘, 참기름 조금씩만 넣고 살짝 무치니 그 맛도 가히 일품! 그 많은 나물 가운데 내가 가장 좋아하는 취나물. 봄나물 여왕님 자격이 충분한 듯.

이 봄, 자주 만났던 냉이나물도 된장, 마늘, 참기름 넣고 삭삭 무쳐낸다. 나야 자주 먹었지만 서울서 오는 산골 손님이야 어디 자연산 냉이무침 맛볼 기회나 있었겠어? 냉이 쇠기 전에 찾아드니 이 맛을 만날 수 있음이야! 그러게, 입이 행복하

텃밭과 산골짜기에서 장 본 제철 봄나물들의 향연. 바라보기만 해도 흐뭇하다.

려면 산골 마실도 때를 잘 만나야 하는 법.

　그 다음, 올해 제대로는 처음 만드는 머위나물! 살짝 데치니 푸릇푸릇함도 오동통한 줄기도 더 생기가 도는 듯하다. 고추장, 된장, 마늘, 매실액 넣어 팍팍 무친다. 잎이 커서 무치는 손맛도 남다르다. 데칠 때 약간 쌉쌀하고 비릿하게 느껴졌던 맛이 고추장 된장과 만나서 그런지 기품 있게 쌉쌀한 맛으로 다시 태어났다. 탱글탱글한 줄기와 물큰한 잎사귀는 조화로운 식감을 안겨주었고, "오, 예!" 내가 그리던 이 맛, 봄을 맞아 또다시 만나는구나.

들기름 어우러져 은은히 퍼지는 도라지 내음

　이렇게 해서 나물 무치기 모두 완료! 나물 무칠 때면 둘레가 어찌나 지저분한지. 무쳤다고 다가 아니지. 볶아주길 기다리는 나물이

나만 먹고자 만들 때는 이 맛이 안 나. 다른 누군가를 위해 뜯고 씻고 무치고 볶아야만, 그이가 맛나게 먹는 순간을 그리면서 만들 때만이 느낄 수 있는 달콤 쌉쌀하게 행복한 맛.

있나니. 온갖 양념들로 너저분한 상을 치우고 나물 볶기에 들어간다. 먼저 도라지부터. 무침이 있다지만, 볶음은 또 다른 도라지 맛의 세계. 애써 다듬었으니 도라지로 일석이조 반찬을 만들어야지. 들기름과 어우러져 은은하게 퍼지는 도라지 내음. 그윽하게 쌉싸름하다.

마지막으로 고사리 볶음 시작. 아, 그전에 아까 장 봐 온 고사리부터 삶아야지. 갓 꺾은 고사리는 갓 삶아서 말려야 더 맛나니까. 시키지도 않은 장 잔뜩 봐 온 남자 덕분에 손에 물 마를 틈이 없네. 녹두 빛 고운 고사리 팔팔 삶아서 마당에 널고 아까부터 삶아서 불려 둔 산고사리를 꺼낸다. 고운 밤색 빛깔에 길쭉하고 야들야들한 모양이 언제 보아도 눈에 착 안긴다. 도라지에 이어 이 또한 명절 때도, 제사 때도 두루 조상님께 올리는 귀한 산나물. 게다가 내 손으로 직접 꺾고 말려 더 소중하게 다가온다.

취나물, 도라지나물, 도라지무침, 머위나물, 광대나물, 고사리나물, 냉이나물까지(맨 위 왼쪽부터 시계 방향), 제철 봄나물 반찬이 한자리에!

간장, 마늘, 들기름, 후춧가루, 설탕 조금 넣어 자글자글 볶은 고사리. 삶을 땐 양이 많아 보였는데 볶고 나니 폭 졸아드네. 그래도 산골 손님 한 사람 입 기쁘게 하기엔 섭섭지 않을 거야. 내 입에까지는 굳이 넣지 않아도 돼. 만드는 시간으로 충분히 행복했으니까. 이로써 산골 손님을 위한 봄나물 요리를 모두 마쳤다. 봄에 찾아오는 손님은 밥상에도 봄을 몰고 오는구나. 우리 부부만 먹자면 이렇게 한꺼번에 열심히, 여러 가지 만들지 못했을 텐데.

미리 시식도 할 겸 나물 하나하나 담는다. 두릅도 조금만 데치기. 많지 않으니 아껴 먹어야지. 두릅이랑 나물 접시 앞에 두고 막걸리 한 잔. 카, 좋구나 좋아. 올봄 처음으로 맛보는 두릅의 기품 넘치는 맛과 향이 입을 타고 온몸으로 스민다. 이나물, 저 나물 모두 밥반찬으로도 좋지만 막걸리랑도 참 잘 어울리네.

바로 이 맛에 산골 장보기도, 산골 반찬 만들기도 하는 거지. 나만 먹고자 만들 때는 이 맛이 안 나. 다른 누군가를 위해 뜯고 씻고 무치고 볶아야만, 그이가 맛나

봄이 한가득 담겨 있는 봄나물 밥상. 밥반찬으로도 좋지만, 막걸리 안주로도 그만이다.

게 먹는 순간을 그리면서 만들 때만이 느낄 수 있는 달콤 쌉쌀하게 행복한 맛. 산골 손님도 나처럼 이 봄나물 앞에 두고 행복할 수 있으면 참 좋겠다. 산골 여느 동네 식당이나 이웃집에 가면 제철에 등장하는 찬들의 향연. 그곳엔 자연의 고마움과 노동의 수고로움이 있고, 좋은 사람과 밥상을 같이하는 행복이 있다. 산과 들자연이 주는 재료에 손맛을 더한 산골 자연밥상이 있어 이곳을 떠날 수 없나 보다.

한 사람을 위한 산골밥상을 위하여 우리 부부의 하루는 오롯이 흘러갔다. 이제 남은 건 머위전이랑 냉이전 준비하고, 냉이된장찌개 끓이고, 달래장 만들고 김 굽는 일. 요건 산골 손님 오는 시간에 맞춰서 해야 더 맛나니까 서둘 필요는 없지. 가만, 슬슬 올 시간이 다가오는 듯도 하니 살살 몸을 움직이긴 해야겠군. 봄나물을 한껏 고소하게 만나도록 도와줄, 뽀얀 밀가루 반죽부터 시작해 볼까?

부산

여름을 밀어내는
시원한 밀면의 멋짐

신지은_ 산지니 편집자

복숭아, 찰옥수수 등 여름에 제맛을 내는 음식은 많지만 내가 여름 최고의 제철 음식을 꼽자면 살얼음을 동동 띄운 시원하고 매콤한 밀면 한 그릇이다.

부산에는 어딜 가나 밀면집이 있다. 어린 시절 여름이면 우리 가족은 밀면으로 외식을 하곤 했다. 동네에 밀면집이 서너 개는 있어서 한 번씩 먹어 보고 선호하는 곳을 단골집으로 정했다. 어느 음식이 그렇지 않겠냐마는 밀면은 특히나 가게마다 그 맛이 천차만별이다. 특히 육수가 밀면집마다 저마다의 개성을 뽐낸다. 재료에 따라 달라지겠지만 나에게 가장 익숙한 밀면의 육수는 거무스름한 빛을 띤다. 한약재를 섞어서 그런 것인지 몰라도 보통 국수의 국물들과 상당히 다른 감칠맛을 내 밀면의 양념 맛을 다채롭게 만든다.

부산 피란민이 냉면 재료로
밀가루 활용

아빠는 밀면 곱빼기가 나오자마자 세 젓가락에 해치우곤, 먹는 것이 느린 나를 기다리며 밀면이 어떻게 해서 생겨나게 된 음식인지 말해주곤 하셨다. 가난하던 시절 전쟁으로 부산에 피란 와 있던 사람들이 냉면이 먹고 싶은데 재료가 없어 밀가루로 만들어 먹던 것이 시초라고 했다. 예전에 들었을 때는 밀면을 먹는 데에 집중을 하고 있어서 그런 이야기가 잘 들어오지 않았다. 한편으론 '또 옛날 얘기야?'라는 생각에 밀면을 넘기듯 한 귀로 흘려버리곤 했다. 그런데 지나고 생각해 보니 너무 슬픈 얘기였다. 전쟁통에 냉면이 그리워 대체 식품을 찾아다닌 이야기도 그렇거니와 이 맛있는 밀면이 냉면의 대용품이었다는 소리가 아닌가. 사람들은 부산의 대표적인 음식이 돼지국밥과 밀면이라는 사실은 알지만 밀면에 이런 슬픈 사연이 있다는 것은 잘 몰랐다. 친구들과 밀면을 먹으며 이런 사실을 말해주어도 토박이인 친구들조차 모르는 경우가 부지기수였다.

그렇기에 더욱 밀면의 미미(美味), 아름다운 맛에 대해 이야기해 보고 싶다. 처음은 냉면의 대체품이었을지 모르겠으나 밀면은 이제 그 자체로 부산의 훌륭한 향토음식으로 자리 잡았다. 미각은 개인의 취향이라지만 근 30년을 냉면이 아닌 밀면을 먹고 살아온 사람의 맛있는 밀면에 대한 철학이 생애 첫 밀면을 접할 때에 아무쪼록 도움이 되길 바란다.

밀면에서 양념은 마음대로 넣었다 빼낼 수 있는 옵션이 아니다. 밀면은 오이, 고기, 계란, 그리고 조금 많지 않나 싶은 양념이 면 위에 얹어져서 나온다. 밀면의 포인트는 그 매콤한 양념 맛에 있다.

쫄깃한 맛·양념·살얼음 육수 조화 '중요'

첫째, 밀면은 밀가루로 만들었음에도 쫄깃한 맛을 자랑한다. 그렇다고 끊어지지 않을 정도로 질기지는 않으니 안심하고 꿀떡 목으로 넘겨도 좋다.

국수를 먹을 때의 암묵적인 원칙은 끊어 먹지 않기다. 면은 장수를 상징하기 때문에 끊어 먹으면 안 된다고 한다. 아마 먹방의 필수요소인 면치기가 복스러워 보이는 것도 이러한 옛말의 영향이 있을 거라 생각한다. 하지만 솔직히 냉면을 가위로 한 번도 자르지 않고 면치기를 하는 것은 체하기 십상이다. 그런 점에서 나는 냉면을 십자 형태로 잘라 먹는다. 누가 뭐라 그래도 건강이 최고지! 그럼에도 국수에 대한 저주에 가까운 옛말은 신경 쓰여서 호로록호로록 냉면을 넘기면서도 먹기 여간 찜찜한 것이 아니다. 하지만 밀면은 냉면처럼 질기지 않다. 쫄깃함의 강도가 남달라 탱글한 면발을 자랑하지만 씹히지 않을 정도는 아니다. 십자가 아닌 일자로 잘라 먹으면 되니 괜히 수명이 너무 짧아지는 거 아닐까 걱정하지 않아도 된다.

둘째, 다대기가 기본 옵션이다. 다대기를 빼달라고 하는 것은 밀면을 먹지 않겠다는 말과 동일하다.

사실 밀면에 다대기라는 말은 조금 어폐가 있다. 이보단 양념이라고 하는 편이 더 맞는 표현일 것이다. 밀면에서 양념은 마음대로 넣었다 빼낼 수 있는 옵션이 아니다. 밀면은 오이, 고기, 계란, 그리고 조금 많지 않나 싶은 양념이 면 위에 얹어져서 나온다. 양념이 얹어져 있으므로 덜어낼 수야 있겠지만, 결단코 그대로 양념을 국물에 배어들게 하는 것이 훨씬 맛있다고 자부한다. 밀면의 포인트는 그 매콤한 양념 맛에 있다. 육수와 면, 양념이 삼위일체를 이룰 때에야 밀면은 제 힘을 발휘한다.

셋째, 육수는 웬만하면 살얼음 낀 육수가 있는 집이 좋다.

밀면은 기본적으로 차가운 면 요리이다. 가끔 미지근한 국물의 밀면이 나올 때마다 나는 조금 시무룩한 기분이 되고 만다. 밀면은 더운 여름날 한 줄기의 오아시스 같은 존재다. 가게에 들어서 에어컨 바람에 땀을 식히면서도 시원한 국물을 한 모금 들이켜는 그 순간만을 기다리다 미지근한 국물을 들이켰을 때의 실망감은 이루 말할 수 없다. 육수 맛에 따라 다르겠지만 육수가 살얼음이라는 것만으로도 여름의 기분에 대해 잘 이해하고 있는 가게라 할 수 있다. 시원한 국물은 밀면에 대한 기본적인 자세다.

넷째, 만두, 육전, 육회, 가오리회 등 곁들여 먹는 것은 언제나 옳다.

원래 음식은 페어링이 중요하다. 단짠단짠의 기본은 두 가지 음식을 먹는 것이다. 떡볶이에 튀김, 마라탕에 꿔바로우, 짜장면에 탕수육이 진리인 데에는 이유가 있다. 그들은 서로 보완해가며 두 가지 음식 모두를 계속하여 흡입할 수 있게 만든다. 사이드 메뉴들은 밀면이 가지고 있지 않은 담백한 맛을 확보한다. 이들로 하여금 입안에 기름 맛이 배어들게 되면 밀면을 먹기에 최적화된 상태가 만들어진다. 그리고 밀면의 자극적인 맛을 추구하던 입은 다시 담백하고 기름진 맛을 찾게 되는 것이다. 육회와 가오리회의 쫄깃한 식감 또한 밀면에 반전을 꾀할 수 있는 요소이니 더욱 좋다. 요즘은 쑥밀면, 돈가스밀면 등 이색적인 밀면도 많으니 이런 시도를 해 보는 것도 좋겠다.

쑥밀면·돈가스밀면 등 이색 메뉴 많아

사람들이 부산에 가장 많이 여행을 오는 시기는 여름이다. 아마도 바다가 아름다운 도시이다 보니 그런 경향이 더 많을 것이다. 여름에 부산을 방문했는데 여름에 가장 빛을 발하는 음식인 밀면 한 그릇도 먹지 않고 돌아간다는 것은 정말 아까운 일이다. 나는 가끔 냉면 좋아하는 친구들에게 부산에 놀러오라고 말하곤 한다. 어느 계절에 와도 좋겠지만 냉면을 좋아하는 친구들에게는 특히 여름에 먹는 밀면의 맛을 알려주고 싶다. 냉면의 멋짐만 알고 밀면의 멋짐을 모르는 친구들은 아직도 부산에 놀러오지 않고 있지만, 언젠가는 여름에만 맛볼 수 있는 밀면의 멋짐을 알려주고 싶다.

진한 커피 향을 머금은
초록빛 공간, 헤이채즈

박정오_ 호밀밭 출판사 편집팀장

지난 10월, 우리 회사는 횟집 센터, 커다란 수조, 쉴 새 없이 다니는 물차가 만들어내는 바닷가 냄새 가득하던 민락동 지하 공간을 나와 새로운 곳에 자리 잡았다. 바닷가에서 조금 떨어진 곳, 무수히 많은 골목만큼이나 오랜 삶의 흔적이 잔뜩 묻어 있는 망미동이었다. 버스 정류장으로 4~5곳, 차로 곧장 오면 10분 정도 걸리는 비교적 가까운 곳으로 이사를 했지만, 동네가 주는 분위기는 사뭇 달랐다. 민락동 공간이 어민들의 생생하고 치열한 생업 현장에 가까웠다면, 망미동 공간은 생업에 지친 이들이 몸을 기대고 쉬는 주거 공간이라는 느낌이 들었다. 망미동은 고층 건물이 비교적 없었고 자그마한 주택들이 골목마다 아기자기하게 모여 있어 평온한 인상을 주었다.

진한 커피향서 느껴지는 자신감

민락동 공간에 처음 들어왔을 때도 주위 주민분들의 따스한 환대가 있었지만, 주거 지역이 아닌 상권 지역에 있었고 무엇보다 지하에 홀로 있다 보니 조금은 추웠고 또 조금은 외로웠다. 그러다 망미동 공간에 도착

하자 따스한 햇살이 온몸을 감싸는 기분이었다. 이삿짐을 실은 트럭을 타고 골목 깊숙이 있는 주택 앞에 도착하자, 진한 커피색 앞치마를 두르고 있던 카페 사장님이 환하게 웃으며 우리를 환영해줬다. 지하 공간에 있어 옆집 이웃이 없었던 우리에게 처음으로 이웃이 생기는 순간이었다.

짐 정리를 어느 정도 마치고 한숨을 돌린 후, 직원들끼리 우르르 몰려 이웃집 카페로 향했다. 짙은 초록색 간판에는 '헤이채즈 로스터리 카페'라는 글자가 선명하게 적혀 있었다. 그 옆에 하얀색 입간판에는 카페 이름에 관한 이야기가 적혀 있었다. 헤이채즈는 스웨덴어 'hej'와 프랑스어 'chez'의 합성어이며, '안녕, 우리 집에서 여유(커피, 꽃, 쉼)를 즐기다 갈래?'라는 뜻이라고 한다. 카페 이름은 이제 막 지하 공간에서 나와 새로운 보금자리를 마련하는 우리에게 건네는 인사처럼 들렸다. 카페 문을 열자 진한 커피 향기가 우리의 온몸에 스며들었다. 카페 곳곳에는 크고 작은 식물들이 자신의 존재감을 뽐내고 있었고, 야외 공간에는 무수히 많은 식물이 자그마한 테이블을 감싸고 있었다. 카페는 간판 색깔보다 더 진한 초록빛의 인상을 심어주었다.

음료를 주문하려고 카운터에 가자, 카페 사장님과 사모님이 나란히 서서 우리를 반겨주었다. 50대쯤 되어 보이는 중년의 부부였다. 카페를 창업하기 전에는 어떤 일을 하셨을까, 어떤 사연을 가지고 있을까, 무슨 이유로 이곳에 자리를 잡고 카페를 운영하실까, 문득 궁금해졌지만, 이제 이웃이 되었으니 천천히 알아가도 좋겠다 싶었다. 분명한 건 초록빛이 주는 편안함 만큼이나, 망미 골목에 자리 잡은 카페를 지키고 있는 중년 부부의 모습이 유난히도 편안하고 아름다워 보였다는 사실이다. 두 분에게도 분명 이곳은 생업의 공간이자 치열한 삶의 현장이었겠지만, 단순히 가게를 운영한다는 걸 넘어 삶의 터전이라는 인상이 강하게 남았다.

거리를 조금만 거닐다 보면 1,000~2,000원짜리 아메리카노가 넘치는 시대 속에서, 헤이채즈 카페의 아메리카노 가격은 4,000원이었다. 처음 가격을 접하고 살짝 망설여졌지만, 음료 한 모금을 머금자 느껴지는 진한 커피 향은 4,000원이란 가격과 더불어 자신감이 묻어났다. 직원들끼리 모여 커피를 마시고 있자, 카페 사장님이 우리가 모여 앉은 테이블 앞으로 다가왔다.

"요즘에는 저가 커피를 파는 카페들이 많아요. 커피 가격은 보통 원두의 종류와 품질에서 크게 영향을 받아요. 저가 커피에 쓰이는 원두는 주로 고도가 낮은 지역에서 재배되고, 쓴맛이 느껴지는 편이에요. 저희는 항상 스페셜티 등급의 원두를 사용해요. 커피의 맛을 결정하는 건 70퍼센트가 원두예요. 원두를 로스팅하는 기술에서 20퍼센트, 바리스타의 드립 기술이 10퍼센트 정도 영향을 주죠. 좋은 커피라는 건 말 그대로 커피가 좋은 맛을 제공해준다는 의미예요. 저희 가게에 방문하는 손님에게 드리는 커피는 무조건 맛있어야 해요."

"저희는 소규모 로스터리 카페라서, 다양한 원두를 구입해서 시음할 수 있다는 장점이 있어요. 망미 골목 안에서도 다들 가격 경쟁을 하는데, 거기에 휩쓸리지 않으려 노력하고 있어요. 우리가 받고자 하는 금액에 우리가 떳떳한, 좋은 퀄리티의 커피를 제공하려는 거죠. 한 번 커피 맛을 정해놓고 쭉 쓰는 게 아니라, 로스팅을 하면서 계속 배합 조절을 하고, 커피 맛을 업그레이드하기 위해서 노력하고 있어요."

"저희가 드리는 커피는 무조건 맛있어야 해요"

우리의 생각을 읽기라도 한 듯, 사장님은 커피 가격에 대해 친절하게 설명해주었고, 더불어 이곳 카페가 어떤 걸 추구하는지 자세히 이야기해주었다. 깊은 풍미가 느껴지는 커피를 마시며 들으니 절로 고개가 끄

헤이채즈 사장님

덕여졌다. 모든 게 빠르게만 흘러가고 자극적인 것만 소비되는 시대에, 남들의 시선보다는 자기만의 발걸음으로 천천히 나아가는 모습이 인상적으로 다가왔다. 책 읽는 사람이 점점 줄어드는 시대에 꾸역꾸역 책을 만드는 우리들의 모습과도 왠지 비슷한 느낌이 들었고, 그럼에도 한 걸음씩 꿋꿋하게 발을 떼는 모습은 한편으론 내가 닮고 싶은 모습이기도 했다.

그렇게 헤이채즈 카페와의 인연이 시작되었다. 출근길에, 점심을 먹은 후에, 사무실로 향하는 우리의 발걸음은 짙은 초록색의 간판을 걸고 있는 어느 가게에서 잠시 머무르곤 했다. 자연스레 카페에서 회의를 하거나 미팅을 하는 일도 많아졌다. 출판 일은 다양한 분야의 사람과 만날 수 있는 일이다. 문화기획자, 교수, 기자, 변호사, 영상 감독, 무용가, 연구자, 자영업자, 주부 등 우리가 경험해 보지 않은 일에 대해 호기심을 느끼고, 그들의 이야기 혹은 생각을 보다 많은 사람과 나누

자며 제안할 수 있는, 무척 매력적인 직업이다.

　망미동으로 이사를 온 후, 우리는 헤이채즈 카페에서 수많은 작가를 만났다. 우리는 이곳에서 아직 세상에 나오지 않은 무언가에 관해 이야기하며 상상의 나래를 펼치곤 했다. 이곳에서 얼마나 많은 책이 만들어졌을까. 환하게 우리를 맞이해주는 카페 사장님 부부의 친절과 깊은 풍미의 커피 한 잔, 회색빛에 지친 우리의 눈에 편안함을 주는 식물들도 책을 만드는 데 크고 작은 영향을 주었다면, 판권지에 이곳의 이름도 들어가야 하는 게 아닐까, 문득 생각이 들었다.

잔잔한 음악과 녹색 자연을 소비하는 공간

　지역마다 대표 음식이 있다. 부산으로 치면 돼지국밥, 회, 밀면 등이다. 모두 맛있는 음식이지만 개성이 너무 강한 탓에 매일 먹기엔 버겁다. 누군가 부산에 온다면, 회사 사무실이 있는 망미동에 들른다면, 부산을 대표하는 음식보다는 헤이채즈 카페를 소개하고 싶다. 우리와 가장 가까이 있고, 가장 많은 시간을 보낸 공간이기에 우리의 채취가 가장 많이 묻어 있는 공간이기도 하다. 지역 대표 음식은 사람에 따라 언제든 바뀔 수 있지만, 헤이채즈 카페는 그 모든 음식을 먹고 나서 편하게 들를 수 있는 공간이다. 커피 한 잔을 넘어 잔잔한 음악 소리와 초록빛 자연을 소비하는 곳. 돼지국밥을 먹은 사람도, 회를 먹은 사람도, 밀면을 먹은 사람도, 모두 여기 와서 편안한 시간을 보낼 수 있다.

　"이곳이 어떤 공간인지는 저희가 아닌 고객분들이 결정하는 거라 생각해요. 앞으로도 가게 수익이 얼마나 많은지가 아닌, 고객분들이 커피에 만족하느냐를 우선순위로 두고 싶어요. 저희 가게를 방문하는 모든 분이 훌륭한 커피하우스를 경험했으면 좋겠습니다."

헤이채즈 공간 외부

　출판사가 책을 통해 과거의 문화를 보존하고 새로운 문화를 만드는 곳이라면, 헤이채즈 카페는 커피를 통해 사람들과 교류하고 망미 골목의 포근함을 경험하게 만드는 문화공간이라 할 수 있겠다. 이곳은 진한 커피 향을 머금은 초록빛 공간, 로스터리 카페 헤이채즈다.

헤이채즈 공간 내부

부산 기장의 여름 보양식, 말미잘 요리

최원준_ 시인

폭염이 연일 기승을 부리고, 자칫하면 입맛과 기력이 뚝 떨어지는 염천의 나날에 사람들은 절절 끓는 이 삼복을 견뎌내기 위해 다양한 보양식으로 체력을 보충하는데, 영양탕, 삼계탕, 용봉탕 등이 대표적인 음식이다.

바닷사람들은 바다에서 구할 수 있는 식재료로 나름의 여름철 보양식을 만들어 먹어 왔는데, 다양한 잡어를 푹 고아서 만든 생선곰국, 땡볕 속에서 냉수 마시듯 시원하게 훌훌 둘러 마시던 생선물회, 장어를 넉넉히 넣고 끓여내는 장어매운탕 등이 그것이다.

부산의 기장 지역에서도 대표적인 여름보양식이 있는데, 그 음식의 재료가 특별하다. 기장의 깊은 바다에서 나는 '말미잘'을 주재료로 하는 '말미잘 요리'가 그것이다. 말미잘을 잘 손질한 후 수육이나 매운탕 등으로 만들어 먹는데 식감도 좋은 데다 고단백질로 몸에도 좋아, 기장 사람들에게는 최고의 여름철 보양식으로 첫손 꼽히고 있다.

아름다운 이름 뒤에 숨은 치명적 위험

예부터 말미잘은 조류 따라 화려한 촉수를 '꽃잎처럼 하늘거린다'하여 '바다의 꽃'이라 불렸다. 서양에서는 '바다의 아네모네(sea Anemone)'라 한다. 그러나 그 아름다운 꽃 이름 뒤에는 치명적인 위험이 도사리고 있다. 마치 로렐라이 언덕에서 부르는 아름다운 인어의 노랫소리처럼 말이다.

말미잘은 원통 모양의 몸 끝에 왕관 모양의 촉수가 뻗어 있는 '산호충강 해변말미잘목'에 속하는 강장동물이다. 세계적으로 1,000여 종이 서식한다. 말미잘은 독이 있는 촉수를 한들한들 흔들어 작은 생선을 유혹, 총을 쏘듯 마비시켜 먹이를 잡는다. 보기에는 한 송이 꽃처럼 아름답지만, 그 속에 독을 품고 도사리는 치명적인 바다 사냥꾼인 것이다.

말미잘은 입과 항문이 하나인 자포동물이다. 그래서인지 자세히 들여다보면 '말의 항문'처럼 생겼다. 말미잘의 원래 뜻도 '말의 미주알(항문)'에서 유래되었다. 우리 조상의 관찰력과 해박함, 해학이 어우러져 만들어낸 이름이다. 기장에서는 이 말미잘을 '몰심'이라고도 하는데, 아마도 '말의 암컷 성기'를 이르는 말이 순화된 것으로 보인다.

말미잘은 주로 '붕장어 주낙'에 걸려서 올라오는데, 한때는 붕장어 잡이 배의 객식구로 환영받지 못했다. 그러던 것이 색깔도 좋고 통통한 모양새도 그럭저럭해서 '붕장어매운탕'에 함께 넣고 끓여 먹었던 것이, 지금 기장의 대표 여름보양식 '말미잘매운탕'으로 거듭났다. 이 말미잘을 기장에서는 붕장어와 갖은 채소, 넉넉한 양념을 넣고 보글보글 끓여서 여름 한 철 즐기는 것이다.

현지인들에 따르면 말미잘이 위장에 좋다고도 하고 간에 좋다고도 하는데, 그만큼 해독이나 치유 능력이 뛰어나다는 뜻일 게다. 특히 말미잘 촉수의 독은 피부 노화 예방과 미백 효과에 관한 연구가 진행되고 있다고 하니, 여성에게는 이래저래 효과가 있겠다.

기장에 '말미잘 요리'가 자리 잡게 된 것은 20여 년 전. 일광 신평 마을의 '부잣집'이 최초라고 알려졌다. 이곳 주인장이 기장으로 시집와서 부산 최초로 개발해 음식으로 팔았다는 것이다. 현재는 일광 해안 곳곳에 말미잘 요리를 취급하는 음식점이 많이 생겨났다.

화려한 촉수가 하늘거리는 바닷속 말미잘

특히 칠암 쪽이나 학리 해녀촌에 가면 '말미잘매운탕'과 '말미잘수육' 등으로 맛볼 수가 있다.

앞서 말했듯이 말미잘은 붕장어 배의 주낙으로 잡는데, 부산에서는 기장 지역에서만 나는 특산물이다. 수심 100m 개펄에서 장어주낙의 미끼를 물고 낚여 올라오는 것이다. 크기는 지름 15~20cm로 다른 지역 말미잘보다 몸체가 커 4~5마리면 1kg이 넘어간다.

붕장어 잡이 배는 2t에서 100t 정도의 크기다. t당 주낙줄을 10바퀴 정도 싣는데, 대개 40~60바퀴씩 준비하여 출항한다. 470~500m 주낙 줄 '한 틀'을 '한 바퀴'라고 하는데, 크고 둥근 고무대야 안에 한 틀의 주낙줄을 준비해 두기에 그렇게 부른다. 물때와 계절 따라 차이는 있지만 보통 30~80kg 정도 어획한다고.

기장의 말미잘 요리는 정성의 음식이다. 그만큼 식재료의 손질이 어렵고 까다롭다는 뜻이다. 우선 칼로 말미잘 표피의 점막을 긁어내고 촉수를 제거한다. 그리고는 말미잘을 반으로 갈라 안의 내장을 일일이 손질한 후, 적당한 크기로 자른다. 장만한 말미잘은 체에 걸러 흐르는 물에 불순물을 씻어내고 손으로 바락바락 문질러 독을 뺀다. 제대로 장만하지 않으면 먹은 후 입과 목이 말미잘에 남아 있는 독성으로 싸~하다.

바다의 십전대보탕 '말미잘매운탕'

일광 학리 해녀촌에서 지인들과 앉았다. 식탁에 '말미잘매운탕'과 '말미잘수육', '말미잘숯불구이'가 차례대로 올라온다.

'말미잘매운탕'은 말미잘과 붕장어를 함께 넣고 얼큰하게 끓인 음식이다. 밤새 고운 붕장어 뼈 육수에 된장, 고춧가루를 풀고 적당히 토막 낸 붕장어와 말미잘을 넣어 20~30분을 더 끓여내기에 '여름철 보양식'으로는 그저 그만이다.

그 효능이 '보약 한 제' 효과라고 하여 '바다의 십전대보탕', '용봉탕'이라는 별칭이 붙기도 했다. '신랑각시탕'으로도 불리는데, 말미잘은 여성에게 유효하고 장어는 남성의 기력 보충에 좋으니, 둘의 궁합이 부부 금슬 좋아지는 음식 중 최고의 반열이라는 뜻이겠다. 국물 한술 뜬다. 국물이 걸쭉하고 진한데도, 얼큰하고 시원한 맛이 돈다. 고소한 맛 또한 정점이다. 방아와 땡초, 대파, 양파 등속과 간 마늘 등을 넉넉히 넣어서인지 마치 해물된장국처럼 개운하기조차 하다.

말미잘 한입 집어 맛을 본다. 아작아작 오독오독 씹는 맛이 일품이다. 부드러운 연골을 씹듯 톡톡 터지는 식감이 아주 특별하다. 짭조름한 양념 간이 밴 도가니와도 비슷하다. '말미잘수육'과 '말미잘숯불구이' 또한 그 맛과 식감이 독특하고 이색적이다.

말미잘수육을 맛본다. 은근하고 담담하게 씹히다가 점점 고소한 향이 강하게 치고 올라오는 매력이 있다. 은은하게 간이 배어 있기에 초고추장이나 간장에 살짝 찍어 먹어도 그 맛이 훌륭하다.

숯불에 구운 말미잘숯불구이도 한입 집어 먹어본다. 우선 숯불 향이 물씬 나고 달짝지근한 고추장양념의 감칠맛이 특별하다. 숯의 불향과 들큰한 양념, 말미잘 본연의 식감이 서로 어우러져 환상적인 맛을 낸다. 한입 가득 씹으니 꼬독꼬독한 식감도 최고점을 찍는다.

서양에서는 아름다우면서도 치명적인 '바다의 꽃'으로, 우리나라에서는 입에

위 씹는 맛이 독특한 숯불구이 아래 담백한 맛의 수육

올리기 거북하지만 서민들의 삶의 해학을 느낄 수 있는 '말의 미주알'로, 서로가 극명하게 대비되는 바다생물, 말미잘. 어찌 됐거나 독성을 가진 강장동물 '말미잘'이 기장 사람들에게는 여름을 나는 '이독치독(以毒治毒), 이열치열(以熱治熱)의 음식'으로 환영받고 있으니, 이 또한 부산 사람들의 수용적인 성정과 부산의 '음식 다양성'에 지대한 영향을 미치는 식재료라 할 것이다.

부산

영도 진골,
찐 토박이가 추천하는
태종대 조개구이

이선화_ 산지니 편집자

　　나는 영도 주민이다. 영도에서 태어났고 한 번도 영도를 벗어나 살아본 적이 없다. 동삼초, 영도중, 영도여고를 졸업한 영도 진골이다. 영도 주민에게 태종대는 떼려야 뗄 수 없는 사이이다. 초등학교 단골 소풍지였고 사회 시간에 우리 고장 관광지 소개하면 늘 태종대를 소개했다. 덕분에 태종대의 역사를 줄줄이 꿰고 있다. '신라 태종 무열왕의 사후 장소라 태종대로 불리고 국가가 지정한 명승지이며…' 같은 건 툭 치면 나온다. 지금은 없어졌지만 태종대에 놀이공원, 자유랜드가 있던 시절엔 친구들끼리 놀러 가 텅 빈 놀이공원을 우리끼리 활보했던 기억도 있다. 그만큼 태종대는 친근하고 익숙한 곳이었다.

　　그러나 시간이 지나면서 자연스럽게 발걸음을 끊었다. 가끔 주변에서 태종대에 가서 조개구이 먹고 왔다는 말이 들리곤 했지만 나는 지난 몇 년간 태종대 근처도 가지 않았다. 별다른 이유는 없었다. 원래 가까우면 잘 안 가게 되지 않는가. 그러다 올해 1월 산책 삼아 태종대를 걸었다. 번개로 종종 같이 산책을 하는 동네 친구가 있는데 그날따라 죽이 척척 맞아서 두어 시간의 산책을 하고도 모자라 태종대로 향했다. 태종대는 유구한 관광지로 정비가 잘 되어 있다. 관광용 열차 다누비가

다니고 그 옆으로 보도블록이 깔려 있다. 등대나 신선대를 보러 내려가지 않으면 한 시간도 안 되어서 다 걸을 수 있다. 태종산이지만 등산이라 부르기는 민망하고 산책 정도가 딱 맞다. 물론 등대를 보러 가기 위해 다른 코스를 탄다면 얘기가 달라진다. 그건 등산이 맞다. 하지만 굳이 힘든 코스로 가지 않아도 멋진 풍경을 접할 수 있다. 산과 바다가 어우러져 하늘과 맞닿아 있는 경관은 언제 봐도 기분을 좋게 만든다. 맑은 날에 가면 대마도까지 보일 정도로 탁 트여 있기도 하다.

얼큰한 홍합탕에 고소한 조개구이

매점에서 뜨끈한 어묵을 하나 먹고 내려오니 어느새 해가 져 있었다. 근처에서 밥을 먹을 생각이었으나 마땅한 식당이 보이지 않았고 생각나는 음식이 조개구이밖에 없었다. 결국 조개구이를 먹기로 했다. 몇 년 만에 먹는 태종대 조개구이였다. 태종대에는 조개구이촌이 있다. 감지해변 입구에 포장마차들이 줄지어 서 있다. 입구에 바로 앞에 있고 커다란 간판과 함께하니 찾기는 쉽다. 비슷한 가격에 비슷한 구성이라 눈에 띄는 곳을 들어가거나 이모, 삼촌의 호객에 이끌려도 좋다. 다만 공용화장실을 이용해야 하니 술을 마실 계획이라면 화장실과 가까이 있는 포장마차를 선택하는 것이 좋다. 공용화장실이 불편하다면 포장마차가 아닌 일반 개별 가게를 선택하면 된다. 조개구이촌 맞은편에 개별로 된 가게가 있다. 포장마차 감성을 즐기고 싶다면 포장마차를, 화장실의 편함이 중요하다면 가게를 선택하면 된다.

우리는 포장마차에 들어갔다. 오랜만에 포장마차 감성을 느껴 보고 싶었기 때문이기도 했고 술을 마시지 않기로 했기 때문이다. 포장마차 거리에 들어가면 시끌벅적한 소음이 들린다. 조개구이를 먹는 사람들의 신난 목소리도 있고 호객하는 사람들의 상냥한 목소리도 있다. 소음에 살짝 흥이 돌 때쯤 조개가 들어간 수조와 가까이에 있는 바다 덕에 짠내도 우리를 훅 덮쳐온다. 우리는 가게를 알아보고 간 것이 아니기 때문에 부담스럽지 않은 호객을 따라 한 가게에 들어갔다. 오랜만에 보는 빨간 플라스틱 간이 의자가 우리를 반겨주었다.

주문하면 먼저 홍합탕이 나온다. 홍합탕을 한술 먹자 추운 겨울, 장시간 산책으로 얼었던 볼이 사르르 녹는 기분이었다. 얼큰한 홍합탕으로 입가심하면 곧이어 조개가 나온다. 층층이 쌓여 나온 조개를 보고 얼른 사진을 찍는다. 불에 올리면 굽고 먹기에 정신이 팔리기 때문에 예쁘게 세팅되어 나올 때 찍어야 한다. 조개는 버터와 함께 나오고 기호에 맞게 치즈나 청양고추를 넣어 먹으면 된다. 아예 넣어서 나오는 집도 있다. 나는 조개 본연의 맛보다는 버터나 치즈가 더해진 맛을 좋아해서 항상 잔뜩 넣어 먹는다. 예전에 다른 친구가 태종대 조개구이를 먹고 왔다며 치즈 때문에 피자 먹는 느낌이라 한 적이 있다. 피자까지는 잘 모르겠지만 버터와 치즈 덕분에 고소한 맛이 더해져 맛있다. 탕에 들어가는 조개와는 확실히 다른 맛이다. 탕에 들어가는 조개가 얼큰 담백한 맛이라면 조개구이는 좀 더 자극적이고 고소하다. 조개는 다양하게 제공된다. 가리비와 키조개가 기본으로 제공되고 때에 따라 전복을 주기도 한다. 빨간 매운 소스가 제공되는 곳도 있고 다른 비법 소스를 주는 곳도 있다. 이런 건 미리 알아보고 가면 좋지만 우리는 이 우연함과 즉석을 즐기기로 했다.

친구와 꺾는 술잔에 피로는 사라지고…

불 위에 조개가 탁탁 소리를 내며 익어갔다. 국물이 보글보글 끓기 시작하고 뽀얀 속살이 살짝 노릇해지면 드디어! 먹을 시간이다. 한 입 먹는 순간 이걸 왜 지난 몇 년간 안 먹었지라는 생각이 들었다. 그만큼 맛있었다. 서너 시간이 넘는 산책, 뜨끈한 홍합탕과 고소한 조개구이, 뒤로 들리는 파도 소리. 행복은 멀리 있지 않았다. 좋은 사람과 분위기 있는 곳에서 맛있는 음식을 먹는 것. 그게 바로 행복이다. 열심히 먹다 보니 술이 먹고 싶어졌다. 맥주나 소맥을 마시면 딱일 것 같았다. 살짝 느끼해진 속을 술이 정리해 줄 것 같았다. 하지만 우리는 조개구이를 먹기 전 '술을 마시면 오늘의 산책 겸 운동이 산으로 가는 거야. 마시지 말자'라고 약속을 했다. 그 약속을 조개구이 한 입에 낼름 깨긴 민망하던 차 고맙게도 친구가 먼저 술 얘기를 했다. 어차피 우린 이미 산에 있다며 말도 안 되는 핑계를 댔다. 평소에도 술로 쿵짝이 잘 맞는 친구였다. 깊이 있는 토론 끝에 소맥으로 소주 한 병만 먹기로 했다. 꺾이는 잔에 피로는 사라지고 어느새 취기 어린, 기분 좋은 감정만 남았다.

조개구이를 다 먹고도 배에 자리가 남았거나 술이 남았다면 해물라면과 볶음밥을 먹어야 한다. 한국인의 후식이라는 볶음밥도 좋지만 나는 이런 곳에서는 해물라면을 좋아한다. 라면은 집에서 먹는 것보다 밖에서 해물 팍팍 넣어 술과 함께 안주로 먹는 게 훨씬 맛있다. 조개와 새우가 들어가 살짝 불은 라면은 한 번 먹으면 다음에도 꼭 찾게 된다.

최근 영도에서 핫한 관광지는 흰여울문화마을이다. 인스타그램에 예쁜 카페와 함께 바다 사진이 종종 올라오곤 한다. 나도 흰여울문화마을을 좋아한다. 푸른 바다를 옆에 둔 골목을 걷는 것도 좋고 예쁜 카페가 많은 것도 좋다. 하지만 흰여울은 생각보다 작다. 골목길 하나로 구성되어 있어 금방 본다. 영도까지 흰여울 하나만 보고 들어온다면 다소 헛헛할 수 있다. 바다를 배경으로 한 산책을 즐기기에는 태종대도 좋다. 앞서 말했듯 태종대는 정비가 잘 되어 있어 힘들지 않다. 다만 태종대는 예쁜 카페라든가 예쁜 식당이 거의 없다. 감성의 관광지는 아니다. 그래서 나는 낮에는 남포동에서 길거리 음식을 먹으며 배를 채우고 흰여울문화마을에서 사진도 찍고 감성 카페도 간 뒤 일몰 한 시간 전쯤 태종대에 가는 걸 추천한다. 태종대가 또 일몰 맛집이다. 뚜벅이라면 흰여울에서 태종대까지 버스를 타는 것보다 택시를 타는 게 더 좋다. 버스는 환승도 해야 하고 돌아가는데 택시는 막혀도 7,000~8,000원에 15분이면 갈 수 있다. 태종대에서 노을 지는 하늘과 대비되는 푸른 소나무를 보며 걷고 조개구이를 먹으면 딱이다. 영도 찐 주민이 추천하는 코스이니 나름 믿을 만하다. 그러니 당신도 좋은 사람과 함께 자갈에 부딪히는 파도 소리를 들으며 술 한잔 기울이는 낭만을 즐겼으면 좋겠다.

부산

부산에만 있다는 물떡,
부산어묵과 찰떡궁합

김소현_ 산지니 편집자

　　어린 시절, 집 앞에 쉬는 날 없이 항상 열려 있는 분식집이 있었다. 떡볶이의 떡만 골라 먹는 나에게 '떡순이'라는 별명을 붙여주신 두 분의 여사장님은 언제나 나를 반겨주셨다. 항상 떡볶이와 물떡을 시켜 먹고, 서비스까지 받아 나오곤 했다.

　　밀로 만들어 쫄깃하게 늘어나는 식감의 물떡은 간장과 찰떡궁합이다. 종지에 담긴 간장에 물떡을 살짝 찍기만 해도 짭조름한 맛이 떡에 그대로 스며들어, 앉은 자리에서 세 개는 거뜬히 먹을 수 있었다. 떡볶이 떡에도 매운 양념 맛이 잘 배어 있어, 혼자서 한 접시를 해치우고도 남았다.

　　중학교에 진학했을 때 즈음 분식집이 문을 닫았다. 아쉽고 허전했다. 중·고등학교 앞에는 분식집이 없어 한동안 떡볶이를 먹지 못했다. 고등학교에 다닐 때쯤에는 흔히 아는 '엽기떡볶이'와 같은 프랜차이즈 떡볶이가 유행하기 시작했다. 매운 것을 잘 못 먹었던 나는 감히 도전할 시도도 하지 않았기에, 떡볶이와 거리를 두었다.

　　분식집 떡볶이를 다시 만났던 때는 대학교 신입생 때였다. 학교 밑 술집 거리

를 자주 활보하고 다니던 나는 많은 술집 사이에 있는 분식집 하나를 발견했다. 친구와 오후 강의를 마치고 곧장 분식집으로 직진했다. 그곳에서 다시 만난 물떡과 떡볶이를 반가워하며 배를 채웠다. 물떡 하나를 집은 나에게 친구가 물었다. "그건 뭐야?"

나는 깜짝 놀라 되물었다. "이게 뭐냐고? 물떡을 몰라?" 다른 지역에서 온 친구는 어리둥절한 표정으로 고개를 저었다. 휴대폰으로 물떡을 검색한 그때 알았다. 물떡이 부산에만 있는 음식이라는 것을. 이 사실에 놀랐던 나는 타지에서 온 선배, 동기들을 만날 때마다 물떡에 대해 아느냐고 물었고, 상대방은 한결같이 고개를 저었다.

인터넷 나무위키에서는 물떡을 다음과 같이 소개하고 있다.

> 부산 및 인근 지역의 분식점이나 포장마차에서 파는 어묵꼬치 종류 중 하나이다. 현지에서는 물떡, 떡오뎅이라고 한다. 방송 등지에서는 물떡이라고 나온다. 가래떡과 비슷하지만 오뎅(어묵) 국물에 넣어서 먹는 부산, 경남권의 특산물. (…) 부산지역 떡볶이 노점에선 떡볶이를 만들다가 떡이 떨어지면 이 물떡을 썰어 넣어 다시 볶기도 한다. 그래서 다른 지역보다 떡볶이 떡이 더 크고 굵다.

'부산의 맛은 역시 집과는 다르다'

전국적으로 매장이 확장된 부산 어묵과 달리, 물떡은 함께 진출하지 못하고 여전히 부산에만 있는 간식거리로 남았다. 그렇기에 다른 지역에서 온 사람들은 부평동 깡통시장의 사거리분식집을 많이 방문하여 물떡을 찾아 먹는다. 오뎅 국물에 담가 둔 물떡을 처음 마주한 사람들은 그 모습을 낯설어하지만, 물떡의 쫄깃함과 짭조름함에 금방 매료된다.

집에서 물떡을 해 먹은 사람들의 반응은 항상 '부산에서 먹은 물떡 맛과는 다르다'였다. 집에서는 따라 할 수 없는 깊고 진한 육수의 맛의 비결은 어묵과 물떡을 함께 오래 끓이기 때문이다. 여름 휴가철에도 깡통 시장의 분식집에는 물떡을 찾는 사람들로 북적거린다.

컵에 한가득 담아주던 500원 떡볶이는 추억 속으로 사라지고 프랜차이즈 분식점에서 1만 5,000원을 주고 시켜 먹어야 하는 떡볶이가 본격적으로 유행을 탔다. 대학을 졸업해 학교 밑 거리를 거닐 기회가 사라진 나는 또다시 떡볶이와 거리두기를 했다.

내가 떡볶이를 다시 찾았던 때는, SNS를 통해 '옥당분식'을 알게 된 때였다. 집에서 한 시간 거리에 있는 사직역 인근 시장의 분식집이었다. 유명한 유튜버가 떡볶이 10인분을 해치운 곳이자, 떡볶이 양념을 따로 판매할 정도로 유명한 맛집이

었다. 물떡과 오뎅을 튀긴 오뎅 튀김도 있었다. 놀라운 점은 가격이 옛날과 거의 똑같이 유지되고 있다는 것.

한 시간 거리를 오갈 용기를 내지 못해 입맛만 다시고 있다가, 날을 잡아 친한 동생을 데리고 그곳에 갈 수 있었다. 그런데 가는 날이 장날이라고 했던가. 집에서 나올 때부터 비가 내렸다. 양념으로 윤기가 흐르는 떡볶이의 모습과 추억 속 물떡을 다시 먹고 싶은 마음을 떠올리며 지하철을 탔다.

유명한 맛집이었기에 빗길을 헤치고 온 손님들이 있었다. 옆 테이블에 자리를 잡고 이야기를 들어 보니 서울에서 온 손님들 같았다. 본인이 홍대에서 먹은 길거리 떡볶이보다 맛있다, 서울에도 분점을 만들어주었으면 좋겠다, 양념을 사야겠다 등 호평 일색이었다. 나 또한 처음 방문한 곳이었지만, 부산 사람으로서 은근 뿌듯함도 만끽했다.

떡볶이 2인분과 물떡 2개, 오뎅 튀김 2개, 목을 축일 콜라를 시켜도 1만 원이 나오지 않았다. 음식이 담긴 접시와 오뎅 국물을 담은 종이컵을 자리로 가져와 앉고 나서 동생에게 물었다. "너도 혹시 물떡 모르니?" 김해에서 온 동생도 고개를 설레설레 저었다. 나는 예상했던 반응에 고개를 끄덕이며, 물떡 하나를 동생에게 내밀었다.

간장에 찍어 먹고
오뎅국물에 담가서 먹고

물떡을 즐기는 방법은 다양하다. 일단 앞서 말했듯이, 간장에 찍어 먹는 방법이 있다. 종지에 담긴 간장에 물떡의 끝부분을 콕 찍어 한 입 베어 물면, 간장의 짠맛과 쫄깃하고 촉촉하게 늘어나는 물떡의 식감, 오뎅 국물의 고소함이 완벽한 삼박자를 이룬다. 부산의 분식집에는 물떡과 오뎅을 찍어 먹을 종지와 간장이 세팅되어 있는데, 물떡의 처음 한 입은 간장과 함께하기를 추천한다.

두 번째 방법은 오뎅 국물에 푹 담갔다가 먹는 방법이다. 기본적으로 물떡과 오뎅은 따뜻한 오뎅 국물에 담겨 있지만, 종이컵에 국물을 따로 담고 물떡을 국물에 푹 담가놨다가 먹으면 더욱 촉촉한 식감과 오뎅 국물의 진한 맛을 느낄 수 있다. 물떡을 다 먹고 오뎅 국물을 마시는 것까지가 두 번째 방법을 제대로 즐기는 순서이다.

마지막 방법은 떡볶이 양념에 찍어 먹는 방법이다. 탕수육도 부어 먹는 방법과 찍어 먹는 방법으로 나뉘듯, 물떡도 먹는 방법이 나뉜다. 양념을 부으면 떡볶이가 되어 매콤한 양념 맛을 진하게 느낄 수 있고, 물떡을 양념에 찍으면 양념 맛과 오뎅 국물의 맛을 함께 느낄 수 있다. 동생에게 물떡을 즐기는 다양한 방법을 알려주고, 사이좋게 배를 채웠다.

타지 사람들에게 부산의 음식에 대해 물어보면 돼지국밥이나 회, 씨앗호떡 등을 이야기한다. 하지만 물떡을 맛보고 나면 더 이상 다른 음식을 떠올리지 못할 거라고 나는 믿는다. 글을 쓰면서도 나는 음식 사진을 보며, 한 시간 거리를 달려가 먹은 물떡의 맛을 떠올리며 입맛을 다신다. 깊은 국물 맛이 밴 물떡을 맛보고 싶다면 '옥당분식'을 강력히 추천한다.

어떤 화려한 산해진미보다도
충무김밥과 시락국밥

천혜란_ 남해의봄날 편집자

남쪽 바닷가에 자리 잡은 작은 바다 마을, 통영. 조막만 한 섬들이 옹기종기 떠 있는 다도해 풍경이 아름답고 철마다 싱싱한 해산물이 나와 일 년 내내 먹는 재미도 많은 동네다. 통영에 살면 음식으로 계절을 제일 먼저 느끼는데, 도다리쑥국으로 봄을 시작하고 멍게로 봄을 만끽한 뒤, 여름에는 바닷장어로 보신을 하고 고등어회와 물메기탕으로 겨울을 마무리해야 한다. 이외에도 생멸치조림, 볼락구이에 굴, 홍합 등 철마다 먹거리를 말하자면 끝이 없고, 이제철 식재료가 한 상에 안주로 오르는 다찌 문화도 단연 빠질 수 없는 이야기다. 하지만 오늘은 이런 특정 계절에만 만날 수 있거나 누군가에게 대접하기 위한 특별한 음식보다는 통영에서 언제나 먹을 수 있는 일상의 음식들을 이야기하고 싶다.

오랜 노하우로 완성된 섞박지의 매력

그 첫 번째 음식은 충무김밥이다. 나는 통영에서 나고 자랐고, 충무김밥을 좋아하는 부모님의 영향으로 어릴 때부터 충무김밥을 먹으며 자랐다. 밥 없을 때 라면을 끓여 먹듯 우리 집은 충무김밥을 사 먹었다. 소

통영 풍경

풍을 갈 때면 충무김밥을 싸 갔고, 여객선을 타고 가까운 섬으로 놀러갈 때도 충무
김밥을 싸 갔다. 부산 외갓집에 갈 때도 충무김밥을 싸 갔고 타지에서 놀러온 친구
가 떠날 때면 충무김밥을 손에 쥐어 보냈다. 충무김밥을 먹은 횟수며 세월이 30년
은 넘었으니 이만하면 충무김밥에 꽤 진심이다 할 수 있을 것 같다.

왜 그렇게 충무김밥을 좋아하냐 물으면 바로 '섞박지'와 '시락국' 때문이라 답하
고 싶다. 충무김밥은 한입 크기의 김밥과 오징어, 어묵 무침, 섞박지가 기본 구성
이다. 오징어 무침이며 어묵 무침, 섞박지는 흔히 집밥에서 곁들어 먹는 반찬이니
충무김밥 반찬이라고 뭐 그리 특별하냐 싶지만은 집에서 만들면 도저히 그 맛이
나질 않는다. 오징어와 어묵 무침이야 어떻게 비슷하게 만들더라도 섞박지는 따
라 하기 쉽지 않다. 덜 익지도, 너무 익지도 않은 그 적절한 숙성 타이밍도 어렵지
만 아삭함과 부드러움 그 중간쯤의 식감과 입안 한가득 퍼지는 달고도 시원한 상
큼함은 오랜 노하우가 없다면 만들어 내기 어렵다. 섞박지를 먹기 위해 충무김밥
을 먹는다고 해도 과언이 아닐 정도다.

최근 『어딘가에는 원조 충무김밥이 있다』라는 책을 편집하며 통영 곳곳의 충무
김밥을 찾아 먹었다. 충무김밥의 성지는 중앙시장이 자리한 통영 중앙동이라 할
수 있는데 관광지로부터 훌쩍 떨어진 봉평동에서 섞박지가 환상적인 충무김밥집
을 찾았다. '김선생충무김밥'이란 가게로, 양은 줄고 가격은 오른 다른 충무김밥집
과 비교해 밥과 반찬 모두 넉넉한 양에 가격도 합리적이다. 먹을 때마다 느끼는 거
지만 김밥의 밥을 어찌나 넉넉하게 넣는지, 김이 밥을 채 다 감싸지 못한다. 통통
한 오징어 몸통 살과 탱탱한 어묵이 매콤한 양념과 어우러지고, 섞박지는 한입에
먹을 수 없는 크기라 두 입에 나눠 먹어야 한다. 김밥에 오징어 하나와 어묵 하나
씩 이쑤시개로 꿰어 입에 쏙 넣은 뒤 섞박지를 한 입 베어 함께 먹어야 제맛이다.

담백 시원한 시락국으로
입안 헹궈야 제맛

새벽부터 등산하는 인구가 많이 찾는 동네라 그런지 가게는 아침 일찍부터 문을 연다. 가게 옆을 지날 때 풍기는 진한 멸치육수 냄새로 입안에 침이 고인다. 충무김밥에 웬 멸치육수인가 싶겠지만, 충무김밥 좀 먹어 봤다 하는 사람들이 섞박지 못지않게 중요하게 여기는 게 바로 시락국이다. '시락국'은 '시래기국'의 사투리로, 진한 멸치육수에 된장을 풀고 시래기를 넣어 끓인다. 가게마다 시래기를 크게 넣는 집도, 한입에 먹기 좋게 작게 잘라 주는 곳도 있는데, 충무김밥을 먹은 뒤 달면서도 담백 시원한 시래기국으로 입안을 헹구는 게 제 맛이다. 숟가락으로 퍼 먹으면 안 되고 꼭 그릇째 들어 마셔야 한다. 그런 의미에서 시래기를 잘게 잘라 주는 곳이 시락국을 마시기에 편해 좋다. 통영에서는 어느 충무김밥집을 찾아도 시락국을 같이 내준다. 몇 가게에서는 포장할 때 시락국 달라고 따로 말하지 않으면 주지 않는 경우도 있기 때문에 꼭 달라고 이야기해야 한다. 그만큼 중요하다.

장어 뼈 활용…
속 편하고 든든한 아침식사

통영을 한 번이라도 찾은 사람이라면 시락국을 듣고 이 음식을 떠올렸을 것이다. 바로 '시락국밥'이다. 그런데 충무김밥에 나오는 시락국과 시락국밥은 엄연히 다른 음식이다. 앞서 이야기한 시락국이 멸치육수라면 시락국밥은 장어의 뼈를 고아 육수를 내기 때문에 국물이 더 진하다. 여기에 시래기 외에도 부추 등 더 다양한 건더기를 넣어 끓이는데, 비린내라곤 전혀 나지 않고 너무 진하지도, 맑지도 않은 적당한 농도의 국물에 속이 편하고 든든하다. 추어탕처럼 생선살을 듬뿍 갈아 넣은 게 아니라 추어탕에 비해 덜 묵직하지만 시락국밥

시락국밥

은 주로 아침식사로 먹기 때문에 오히려 이 정도의 가벼운 든든함이 좋다.

여객선터미널이 있는 통영 서호시장에 여러 시락국밥집이 있는데 그중에서 제일 좋아하는 곳은 '훈이시락국'이다. 통영 사람들도 관광객들도 많이 찾는 가게인데, 반찬을 뷔페식으로 담아 놓은 게 인상적이다. 제대로 세어 본 적은 없지만 열다섯 가지는 넘는 반찬들이 스테인리스 통에 일렬로 담겨 있고, 이 반찬 줄을 기준으로 앞뒤로 길게 테이블이 놓여 있다. 오로지 시락국밥만 팔기 때문에 가게에 들어가면 주문을 할 필요도 없고 몇 명인지 말하고 빈자리에 알아서 앉으면 된다. 추천하는 반찬은 대왕 계란말이, 그리고 오징어무침과 어묵무침, 섞박지 즉 충무김밥 반찬이다. 숨은 충무김밥 맛집이라고 해도 될 만큼 반찬이 맛있고 주인 아주머니도 먹어 보라며 권하는 자신 있는 반찬이다. 이외에 꽈리고추 무침이며 아삭한 오이무침, 새콤한 도라지무침, 콩나물무침 등 먹고 싶은 반찬을 담고 다시 자리에 앉으면 바로 자리에 시락국밥이 놓인다. 밥을 말아 먹어도 좋고 따로 먹어도 좋은데, 어떻게 먹든 방앗잎은 꼭 넣어 먹어 보길 추천한다. 통영에서는 부추홍합전을 할 때도 방앗잎을 넣어 부치고, 명절이나 비빔밥 재료로 방아나물을 만들 만큼 다른 지역에 비해 방아에 애정이 깊다. 고수와는 또 다른 의미로 향과 맛이 강한 채소인데 방아를 넣기 전과 넣고 난 뒤의 시락국밥 맛은 확연히 달라진다. 고수나 바질 등 다양한 허브들이 음식의 맛을 살리듯 통영 음식에는 방아가 필수다. 잡내는 잡고 맛은 더욱 깊고 향기로워진다. 시락국밥에 방아를 듬뿍 넣고 국물에 반찬까지 싹싹 비워낸 뒤, 계산은 카드보다는 현금으로 하면 좋겠다. 6,000원 지폐를 내면 주인 아주머니가 살얼음 낀 요구르트를 손에 쥐어 준다.

충무김밥

좁은 가게에서 나와 샤베트 같은 요구르트를 꿀꺽꿀꺽 마셔 입안을 개운하게 씻어
주는 게 시락국밥 식사의 마무리다.

매콤한 김밥 반찬은 술안주로 딱

시락국밥과 충무김밥은 언제 어디서든 편하게 지
갑 사정 걱정 없이 먹을 수 있는 서민의 음식일뿐더러, 애주가들의 말에 의하면 술
안주와 해장 음식으로도 훌륭하다고 한다. 충무김밥을 먹으면 꼭 반찬이 남는데
이 매콤한 반찬이 술안주로 딱이며, 밤새 거나하게 마신 술로 쓰린 속은 시락국밥
으로 달래기 좋다고 말이다. 평소 술을 즐기지 않아서 술안주와 해장음식의 관점
으로 소개하지 못하는 것이 아쉽지만, 술안주든 한 끼 식사든 어떤 식으로든 음식
을 맛있게 즐길 수만 있다면 그걸로 충분하다. 통영을 찾는다면 호화로운 굴코스
요리도, 전복에 문어가 화려한 해물뚝배기도, 산해진미가 모인 다찌도 좋지만, 특
별할 것 없이 소박하고도 소소한 맛이 감동을 주는 충무김밥, 시락국밥도 맛보면
좋겠다.

통영

고등어를 회로 먹다니,
이건 축복이야!

오해은_ 산지니 편집자

"바닷가에 사는 사람은 회를 좋아한다"라는 말은 지겹도록 들었지만, 나는 정말로 회와 해산물을 좋아한다. 학창 시절을 경상남도 저 아래에 있는 섬 거제도에서 보내서인지 부산에서 대학을 다닐 때는 이런 말을 자주 듣곤 했다. 아버지께서는 먹을 것에 진심이셨고, 주말이면 우리 가족을 데리고 거제와 인근에 있는 통영의 맛집을 탐방하는 것을 좋아하셨다. 토요일 아침이면 예고 없이 훅 들어와 늦잠을 자고 싶은 동생과 나는 불만을 표하기는 했지만, 맛있는 것을 먹으러 가는 것이니 잠자코 따라나섰다.

고등어회를 처음 접한 그날은 3학년 1학기가 막 시작할 때였다. 동생은 대학 새내기로서 학교를 누비고 있었고, 난 개강한 지 얼마 되지 않았지만 거제 본가에 가 있었다. 그날은 아버지께서 배를 타자고 하셨다. 배라니! 점심 먹으러 가는 데 배까지 타야 하다니. 살짝 귀찮은 마음이 들긴 했지만 그걸 티 내면 분명 아버지께서 서운해 할 것이 분명하니 조용히 집을 나섰다.

경남 통영 삼덕항까지는 차로, 차는 항구 주차장에 두고 표를 산 뒤 배 위에 올랐다. 생각보다 관광을 하러 가는 사람들이 많았다. 아버지와 엄마, 나는 넓은 객

실 안에서 자리를 잡고 앉았다. 아, 물론 나는 자리를 잡은 뒤 배 위로 올라가 사진을 마구 찍었다. 3월 말쯤이어서 그런가 배 위에서 맞는 바람은 짭짤하면서 시원했다. 바다가 가까운 곳에 살면 이게 좋다. 가볍게 주변 바닷가로 가서 맥주 한잔을 할 수 있는 이 황홀함. 우리 가족은 주말 밤이면 거제 몽돌 해수욕장에 슝 달려가 핫도그와 맥주 한잔을 하곤 한다.

씹자마자 입안에서 사르르…

아, 배 타는 이야기를 하고 있었지. 어쨌든 사진도 찍고 잠깐 눈도 붙이고 배의 출렁거림을 맛보며 1시간쯤 가면 욕지도에 도착한다. 아무것도 먹지 않고 간 우리 가족은 내리자마자 보이는 식당들에게 바로 눈이 간다. 죄다 주메뉴가 고등어회다. 아버지는 곧장 직진해 '늘푸른 고등어회 전문점'으로 갔다. 아버지 말씀으로는 고등어회는 살아 있는 싱싱한 고등어를 바로 회쳐야 하기 때문에 먹을 수 있는 지역이 정해져 있다고 한다. 생각해 보니 보통 도심에 있는 횟집에서는 '고등어회'라는 메뉴를 본 기억이 없다. 난 3월 말쯤에 고등어회를 처음 맛봤지만, 제철은 9월에서 11월, 추운 겨울이라고 한다. 하지만 내가 3월에 가서 먹었던 것처럼 언제든 가도 먹을 수 있을 거라고 한다. 고등어회는 제주가 제일 유명하고, 그 다음이 통영 등 남해 쪽에서 접할 수 있다.

고등어회는 우리가 흔히 먹는 고등어구이, 고등어조림과는 완전히 다른 맛과 식감이었다. 일단, 식탁 위에 올라온 고등어회의 색감은 감탄을 자아내게 한다. 등 푸른 생선이라 그런가 우리가 일반 횟집에서 쉽게 접하는 회의 색감과는 다르다. 일단 사진을 찍고 봐야 한다. 아버지는 "때깔 죽인다"라며 감탄사를 내뱉었다. 보통 회는 열심히 씹어야 하는 경우가 많은데, 고등어회는 씹자마자 입안에서 사르르 녹는다. 녹으면서 혀로 느껴지는 그 고소함은 말로 표현할 수 없다. 난 고등어회 첫입을 먹자마자 흥분하며 다음에 또 오자고 아버지에게 말했다. 아, 고등어

회는 초장이나 쌈장에 찍어 먹어도 되지만, 양념간장에 찍어 먹는 것이 최고다. 양념간장을 보니 고등어구이를 먹을 때 올려 먹거나 찍어 먹는 양념간장이 생각났다. 그래서 회도 여기에 찍어 먹나? 라는 생각이 들었다. 확실히 간장에 찍어 먹으니 한층 더 맛이 났다.

참을 수 없었는지 아버지는 맥주를 시켰다. 시원한 맥주 한 잔에 고등어회를 함께 곁들이니 그냥 천국이었다. 배 안에서 배고픔 때문에 힘들었던 것이 맥주와 고등어회 한 점에 싸악 사라졌다. 그 뒤로 우리 가족은 아무 말 없이 고등어회를 먹었다. 양념간장에 찍어 먹고, 마늘과 함께 깻잎 쌈도 싸 먹고, 찬으로 나온 씻은 배추를 곁들여 먹고. 무아지경이었다. 그러지 않아도 회를 좋아하는 우리 가족인데, 새로운 횟감을 마주하니 다들 물 만난 듯 고등어회를 음미했다. 기분 탓인지도 모르지만 그 횟집에서 나온 찬들도 다 신선하고 맛있었다. 씻은 김치는 간이 딱 맞았고, 상추와 깻잎은 직접 기르신 것 같았다. 삶은 완두콩과 소라도 회를 먹기 전 입맛을 돋우기 딱이었다(이쯤 되니 기억이 미화된 걸까?).

고등어뼈조림에 자작한 국물은 밥도둑

회를 다 먹으니 식사로 고등어뼈조림이 나왔다. 아, 사실 이 메뉴 때문에 몇 달 뒤 또 방문한 것도 있다. 국물이 자작한 조림이었는데, 양념이 기가 막혔다. 큼직하게 썬 무와 회를 뜨고 남은 뼈, 고명으로 송송 썰린 파까지! 우린 각자 밥 한 공기를 다 먹고, 한 공기를 더 시켜 양념과 밥을 싹싹 비벼 먹었다. 조림이 담긴 그릇에는 남은 양념이 하나도 없었다. 사실, 밥 한 공기를 더 시킬 때 어머니가 말렸지만, 나와 아버지는 이건 남길 수 없다며 주문했다. 한식을 좋아하는 사람이라면 알 것이다. 생선조림에 들어간, 푸욱 익힌 무는 밥도둑이 따로 없다는 것을. 한식 러버인 아버지는 조림에 있는 무를 먹으며 이 양념은 어떻게 만드는 것일지 한참을 궁금해했다.

통영 항구에서 배를 타고 욕지도에 내리면, 고등어회를 주메뉴로 하는 식당 어느 곳에 들어가도 다 맛있을 것이다. 사실, 식당에 들어가 메뉴판의 가격을 보면 좀 망설여지기는 한다. 내가 갔던 '늘푸른횟집'을 기준으로 소짜는 6만 원, 대짜는 8만 원이니 부담스러울 수는 있다. 하지만, 고등어회 한 점을 먹는 순간 그 부담은 깨끗이 사라진다. 자주 접할 수 없는 메뉴이기에 그 돈이 아깝지 않다. 우리 가족은 그 후 동생이 군대 전역을 한 뒤 고등어회를 먹으러 한 번 더 욕지도를 방문했다.

욕지도에서 고등어회만 먹고 돌아올 수는 없다. 후식이 없으면 서운하다. 급히 가 볼 만한 곳을 찾다가 '출렁다리'가 있는 것을 보았고, 우리는 걸어서 출렁다리를 찾아갔다. 높은 곳을 무서워하는 어머니를 놀리며 출렁다리를 갔다가 오는 길에 '욕지 고메원도넛'이라는 간판을 발견했다. 고구마빵

을 파는 가게였다. 인터넷 후기를 보면 줄을 서서 기다려야 구매할 수 있다고 하는데, 우리가 갔을 때는 손님이 없어 바로 구매할 수 있었다. 특허도 등록돼 있었고, 통영시 지정 명품 특산물이라고 적혀 있었다. 고구마, 다시마, 사과를 이용해 만든 건강 도넛이라고 한다. 한 박스를 사서 다시 통영 항구로 돌아가는 배 안에서 후식으로 먹었다. 이 빵도 기억에 많이 남는다. 빵은 엄청 부드러웠고, 안에 들어 있는 고구마 크림(?)은 적당히 달고 맛있어서 후식으로 딱이었다.

바닷가에서 자란 나, 그래서인가 난 해산물을 사랑한다. 혼자 자취하고 있는 지금은 생선 등 해산물을 자주 먹지 못해 아쉽다. 그래서 그런지 처음 고등어회를 먹었던 그날이 가끔 떠오른다. 감칠맛과 고소함으로 가득했던 그 회 한 점. 통영 하면 충무김밥이 가장 먼저 떠오르지만, 통영을 방문하는 여행객들이라면 하루쯤 일정을 비우고 욕지도에 방문해 배를 타는 즐거움과 고등어회의 고소한 즐거움을 맛보았으면 한다. 남해안 해산물 요리의 싱싱한 맛을 느껴 보았으면 한다.

매콤함 담백함
동시에 사로잡은,
대구 원조 맛집
'미성 복어불고기'

김수영_ 담다 대표

신석기 시대 패총에서 졸복 뼈가 출토되었을 정도로 우리 민족은 일찍부터 복어 요리를 즐긴 것 같다. 하지만 그렇다고 우리 민족만 복어 요리를 즐기지는 않은 모습이다. 복어는 미식가들 사이에서 최고의 맛으로 꼽히는 것은 물론, 송나라 시인 소동파는 복어를 두고 맛있는 생선, 조금 더 나아가 '죽음과도 맞바꿀 수 있는 맛을 지녔다'라고 말했다니 복어에 대한 예찬이 지나친 과장은 아닌 것 같다.

오랜 시간 우려낸 깊은
육수 미식가 자극

보통 복어는 술을 먹은 뒤 해장용으로 자주 찾는 음식이다. 복어탕은 오랜 시간 동안 푹 우려낸 깊은 육수의 맛이 무엇보다 일품이다. 특히 추운 겨울날 맑게 끓인 복어탕 국물을 한 모금씩 입안으로 옮기다 보면 온몸 구석구석 개운해지는 기분을 갖게 한다. 거기에 콩나물이 완벽한 조화를 이뤄 맛은 물론 건강까지 함께 챙긴 요리라고 할 수 있다. 어디 그뿐일까. 고춧가루

를 맘껏 뿌려 넣어 코끝이 얼얼해지는 매콤한 복어탕을 먹으면 온몸에 땀이 비 오
듯 쏟아지면서 정신까지 맑아지는 기분이다. 시원하고 개운한 맛을 찾는 미식가
들 사이에서 복어탕이 순위를 놓치지 않는 이유가 바로 여기에 있다.

하지만 복어 요리는 거기서 끝이 아니다. 복 껍질회, 복어불고기를 빠뜨릴 수
없다. 복어의 껍질은 콜라겐이 풍부해 피부미용에 좋다고 널리 알려져 있다. 그런
복어 껍질에 오이와 미나리, 각종 채소가 한데 어우러지면 매콤 달콤한 맛의 복 껍
질회가 완성된다. 복어불고기는 쇠고기를 좋아하지 않는 사람도 즐길 수 있는 요
리이다. 두툼한 복어살에 특유의 매콤한 소스를 더해 떡, 당면, 각종 야채와 함께
철판에 구워져 바로 먹을 수 있도록 준비되어 나온다. 매콤한 소스로 요리되었다
고 해서 매콤하기만 했다면 복어불고기의 명성이 지금처럼 이어오지 못했을 것이
다. 코끝을 톡 쏘는 매콤함과 입안을 부드럽게 감싸는 담백함이 만난다면 과연 어
떤 맛일까? 그 답을 복어불고기에서 찾을 수 있다. 씹으면 씹을수록 두툼한 복어
살에서 나온 담백함이 매콤한 소스와 어울려 그야말로 완벽한 조화를 자랑한다.

콩나물·당면·불고기 뭉쳐 먹으면
환상적인 맛

바로 이런 '복어불고기'가 대구에서 시작되었다고
하니 자랑스러운 일이 아닐 수 없다. 대구 사람이라면 이미 알고 있는 '대구의 10
미(味)'가 있다. 거기에는 복어불고기를 포함하여 막창, 뭉티기, 따로 국밥과 동인
동 찜갈비, 논메기 매운탕, 무침회, 야끼 우동, 납작 만두, 누른 국수가 있는데, 대
구 달서구에는 40년 전통의 원조맛집 '미성 복어불고기'가 있다.

입구에 서면 빨간 간판에 '미성 복어불고기'라고 적힌 하얀 글씨가 눈에 띈다.
그 옆에는 '특허난 복어불고기 소스'라는 글자와 함께 특허 번호가 적혀 있는데,
복어불고기 요리에 얼마나 큰 자부심을 가지고 있는지 입구에서부터 느껴진다.

입구 우측에는 3대 천왕에 소개되었던 가게임을 알리는 사진과 함께 고단백, 저칼로리에 무기질과 비타민이 풍부하게 함유되어 다이어트에 탁월하다는 복어의 효능이 소개되고 있어 복어요리 전문가의 집이라고 해도 손색이 없다.

점심 식사 시간을 조금 지난 후였음에도 불구하고 직접 맛집을 찾은 손님 외에도 배달하시는 분이 얼마나 많은지, '맛집에 왔구나!'라는 것을 실감할 수 있었다. 대표 음식이자, 인기 메뉴인 복어불고기가 따뜻한 철판에 구워져 바로 먹을 수 있도록 준비되어 나왔다. 콩나물, 당면, 복어불고기를 한데 뭉쳐 한 젓가락 입안으로 넣는 순간 환상적인 맛이 만들어졌다. 곁들여져 나온 맑은 복어탕은 조금 전의 매콤함을 온데간데없이 사라지게 만들면서 몸 구석구석 시원하고 개운한 맛을 전달하는데, 좀처럼 숟가락이 멈춰지지 않았다. 다양한 종류의 복어를 싱싱한 상태로 준비하는 것 외에도 직접 재배하는 백 퍼센트 무공해 콩나물, 한 번만 볶아 직접 착유하는 방식의 건강 참기름, 거기에 특허 난 소스가 복어불고기의 맛을 높였다는 안내 문구가 그냥 한번 해 보는 말이 아니었다.

미성 복어불고기에는 복 콩나물 불고기, 복 모듬 불고기, 새송이 불고기, 고급 밀복 불고기, 참복 불고기까지 다양한 메뉴가 준비되어 있다. 복어 요리에 대한 전체적인 맛을 보고 싶다면 코스 메뉴를 선택하면 된다. 두 가지 코스로 나뉘는데 복

불고기와 복어 튀김, 전복 복지리, 껍질 무침의 '복코스'와 불고기, 복어 튀김, 전복지리, 껍질무침, 수육으로 이뤄진 '어코스'가 있으니, 취향에 맞춰 선택하면 좋을 것 같다.

다양한 입맛 반영… 단체 회식도 적당

그리고 불고기에 올라갈 토핑도 여러 가지 준비되어 있다. 기본적으로 콩나물을 시작으로 미나리, 떡, 버섯, 복고기, 미래 복고기, 참복 고기까지 원하는 만큼, 원하는 양을 주문하면 바로 먹을 수 있도록 나오니, 다양한 입맛을 반영한 모임을 진행하기에 이보다 적당한 곳이 없어 보인다. 거기에 마지막으로 복어불고기의 하이라이트인 '볶음밥'까지 먹고 나면, 왜 '미성 복어불고기'가 대구를 대표하는 음식이 되었는지, 왜 미식가들이 복어불고기를 찾아 대구까지 찾아오는지 그 이유를 오감을 통해 전달받게 된다.

특이한 점이 있다면, 주문을 하고 나면 가장 먼저 물통, 물컵, 밑반찬이 나온다. 이때 한 가지 약간 의아해할 수 있는 상황이 생기는데, 바로 물컵 때문이다. 육수를 담는 컵인지, 밥공기, 대접인지 혼동이 생길 수 있다. 걱정 없이 물컵으로 사용하면 된다는 것을 미리 알고 가면 좋겠다. 수성구 들안길에서 처음 시작된 '미성 복어불고기'는 월성점 외에도 두 군데가 더 있으니, 가까운 거리에 있는 곳을 찾아 '원조의 맛'을 느껴 보면 좋을 것 같다. 매콤함이 생각난다면, 매콤 달콤한 소스와 담백함의 조화를 맛보고 싶다면, 백종원의 3대 천왕에서도 소개된 '미성 복어불고기'로 발길을 돌려보자. 그야말로 탁월한 선택이 될 것이다.

대구

뜨거븐 누른국시에
추억 한 조각

최문성_ 달구북 대표

십칠 년이 지났다. 가끔 꿈에라도 나타나더니만 언젠가부터는 귀찮게도 하지 않는다. 이젠 내 나이가 마흔을 넘었다는 걸 알고서 슬그머니 떠나준 듯하다. 그제야 떠오르는 건, 가물거리는 모습이 아닌 기억 속 음성이었다. 아버지는 그렇게 얼굴 없는 소리로 내게 남았다. 격려와 응원, 모진 질타와 꾸지람… 뼈마디에 새겨져 시시때때 내 편의에 따라 울려댄다. 가끔 그것이 기억이 아닌 실제라 느낄 만큼 섬뜩할 때가 있다. 어쩌면 그렇게 하루를 살아내고 있는 걸지도 모른다.

"국시 한 그릇 무까?"

하지만 무겁고 강렬한 타격감 서린 음성만 남은 건 아니었다. 가요무대에서 흘러나오는 '비 내리는 고모령' 속에도, 시원하다며 아들내미를 꼬드기는 '목욕탕 열탕' 속에도, 사내 자슥이 이것도 못 먹냐며 미끄덩거리는 오징어회를 초장에 푹 찍어 주던 '죽도 시장 어느 횟집' 속에도… 아버지의 목소리만은 짱짱하다.

헌데, 어디에 가고, 무엇을 보지 않아도 휴일만 되면 슬며시 들려오는 한마디가 있다.

"국시 한 그릇 무까?"

소파에 모로 누워 TV 리모컨을 만지작거리다가도 벌떡 일으켜 세우는 기묘한 소리다. 곧장 배달앱을 눌러 그노무 국시를 시킨다. 헛웃음이 난다. 아버지가 있었으면 단골이 되었을 터이다.

국시… 이건 '누른국시'다. 잔치국수가 아닌, 누른국시다. 어릴 적 나에게 국수는 그것뿐이었다. 그 외엔 그냥 붉은 라면, 하얀 라면인 줄 알았다. 자라면서는 아버지의 말로 구분하기 시작했다. 잔치국수는 '국수', 누른국수는 '국시'라 하였다. 왜인지는 묻지 않았다. 그냥 국시가 더 친근하고 좋으셨나 보다. 시간이 지나 식당 출입이 잦아지면서 또 알게 되었다. 누른국시가 '(손)칼국수'라는 것을. 매사 배움이 더뎠다고는 하지만, 아버지의 보호막이 컸던 탓이려니 돌려 본다.

막 비가 그쳐 땅이 저벅저벅하던 어느 날로 기억한다. 이태리타월로 얼마나 때를 벗겨댔던지 몸이 따끔거려 기분이 썩 좋지 않던 나를 아버지는 기어이 붙들고 어딘가로 데려갔다. 기억이 분명치는 않으나, 주변에 대한 인상은 그야말로 도장으로 콱 찍혀 있다.

정비가 되기 전, 서문 시장. 붐비는 사람들과 부딪치지 않으려 요리조리 피하면서도 행여나 아버지 손을 놓칠세라 잰걸음을 놓았다. 울퉁불퉁 콘크리트 바닥엔 빗물과 뒤섞인 온갖 요상한 액체들이 곳곳에 웅덩이를 만들었고, 살아 있는 닭과 헐벗긴 닭이 공존하고, 도마가 부서져라 생선 대가리를 내려치는 아주머니의 시커먼 칼에 심장이 쪼그라들었다. 그야말로 최악의 장소였다. 그런 곳으로 이끄는 아버지는 나를 골탕 먹이려는 것임이 분명했다. 의심의 여지가 없었다.

끝끝내 아버지의 발걸음이 멈춰 선 곳은 쿰쿰한 누린내가 진동하는 한 식당이었다. 머리 희끗한 어른들로 가득 차 있는, 또래라고는 찾아볼 수 없는 곳이었다.

"아지매요, 국시 두 그릇 주이소."

뭐 먹고 싶냐고 묻지도 않고, 자리에 앉기도 전에 들어가면서 외쳤다. 더 어이가 없었던 건, 뒤이은 아버지의 말이었다.

"퍼뜩 묵꼬 가자."

참 짧고 간결했다. 아버지의 얼굴을 마주 대하지 않았다. 곧 그노무 국시가 나왔다. 정말 깨끗해 보이지 않았다. 국시 그릇 모서리엔 채 썬 호박 같은 게 턱 걸쳐져 있고, 이빨 사이에 끼는 게 너무 싫은 깨소금 같은 것도 마구 뿌려져 있었다. 참 좋아하던 김도 가루가 되어 눅눅하게 올라가 있으니 먹고 싶은 생각이 없었다. 가장 싫었던 건, 어마 무시한 양과 펄펄거리는 뜨거움이었다. 아버지는 안경을 벗어 탁자 위에 놓고는, 국시를 한 젓가락 말아 올려 두어 번 후후 불고는 처음 맛보는 사람마냥 맛있게 먹었다. 그러고는 풋고추를 누런 된장에 쿡 찍어 아삭 베어 물었다. 그러더니, 곧장 또 아지매를 찾았다.

"아지매요, 아지매요! 이거 말고, 고치 매븐 거 좀 주소! 어이!"

자식을 잊은 게 분명했다. 누른국시 앞에선 아들내미도 보이지 않았던 거다. 아차 싶었던지, 젓가락으로 깨작거리고 있는 나를 보고는 또 한 소릴 했다.

"뭣이 그리 뜨겁노? 사내 자슥이. 국시 분다, 퍼뜩 무라!"

아버지는 매사 이리도 '사나이의 길'을 가르치려 하였다.

보지 않는다고
보이지 않는 것은 아니다

　　그렇게 시간이 흘렀다. 아버지는 서문 시장 앞 종
합병원에서 눈을 감았다. 매일이 휴일이 되었으니, 하루에도 열두 번 누른국시 집
을 찾으실 거다. 종종 그 길을 지날라치면 오른쪽의 병원도 왼쪽의 시장도 보지 않
으려 애쓴다. 직진 신호를 받아 쌩하니 지나칠 때면 그게 그리 신난다. 하지만 알
고 있다. 보지 않는다고 보이지 않는 것은 아니란 것을… 지금 그 식당이 어딘지는
잘 모르겠다. 솔직히 애써 찾지도 않았다. 그 좋아하던 국시 한 그릇 정도는 얼마
든지 사드릴 수 있는데, '사내 자슥이…'라고 말해줄 사람이 없으니, 찾을 이유도
묻혀 버렸다.

　　그래도 한 번 서문 시장을 찾은 적이 있었다. 저녁때가 되어 두리번거리다 혼
자 찾은 국숫집에서 나는 예전 그날을 먹었다. 젓가락으로 깨작거리진 않았다. 안
경을 벗어 탁자에 놓았다. 두어 번 후후 불고는 목구멍이 뜨끈해도 냅다 삼켰다.
그리곤 아지매에게 매운 고추를 시켜 혀끝이 얼얼해지도록 씹었다. 살짝 비릿한
멸치 육수 냄새까지 풍미를 더하여 침샘이 마르지 않았다. 말간 국수 면만 가려 먹
던 녀석이 푹 익은 채소를 먼저 집어 국수를 말아 올렸다. 세상 이런 맛이 또 있나
싶었다. '좋구나!'

　　그제야 아버지도 나를 '사내 자슥'으로 인정할 것만 같았다.

대구는 뜨거운 도시다. 서로가 잘 보듬고 나누면 따뜻한 도시가 될 거라 믿는다. 뜨거븐 누른국시 위에 차가븐 김치 한 조각, 추억 한 조각 함께 얹어 보고 싶다.

언제든 차표 한 장 들고 떠나오시라

식당에는 '누른국수는 대구 10味 중 하나로, 밀대로 눌러 펴 만든다는 의미와 밀가루에 콩가루를 뿌려 누런빛을 띤다는 의미가 있다. 대구의 대표 향토 음식이다.' 그런 대강의 의미 해석보다는 각종 방송에 소개된 캡처 사진과 유명인들의 사인이 벽면을 가득 채우고 있었다. 그때는 제법 또래들이 보이기도 했다. 최근에 이야길 들어보니, 국숫집의 수가 엄청 늘어났고, 전국에서 찾는 사람들도 많다고 했다. 더군다나 서문 시장에 야시장이 성황을 이뤄 다양한 먹거리를 맛볼 수도 있게 되었다. 그래도 눈길과 마음이 가는 것은, 대구의 전통 먹거리인 '누른국수, 납작만두, 가래떡볶이, 물떡, 어묵' 따위이다.

언제든 누구든 오시라. 차표 한 장 손에 들고 떠나오시라. 지갑 가볍게 만나도 되니 서로 부담 없고, 부담 없이 만나 맛난 음식 나누니 정은 더 깊어질 성싶다.

대구는 뜨거운 도시다. 서로가 잘 보듬고 나누면 따뜻한 도시가 될 거라 믿는다. 뜨거븐 누른국시 위에 차가븐 김치 한 조각, 추억 한 조각 함께 얹어 보고 싶다.

대구

다양한 민물 잡어로
식객 입맛 돋우는
엄마표 청도추어탕

이웅현_ 도서출판 부카 대표

　　　　　내 고향은 대구 사람들은 다 아는 청도의 한적한
산골 마을이다. 군에서 고참들에게 청도는 어디에 있는 섬이냐는 질문을 많이 받
은 기억이 불현듯 스친다.

　　어린 시절 틈만 나면 반두를 들고 냇가로 나갔다. 냇물이 꽁꽁 얼어붙은 겨울
이 아니면 늘 냇물 속에서 지냈던 것 같다. 하나의 놀이이기도 하였지만, 생산적인
활동이지 않았을까 생각이 든다.

　　냉장고가 없었던 그 시절 물고기를 잡아 오면 어머니는 바로 손질을 해서 추어
탕을 끓이셨다. 당시에는 추어탕이라 해서 특별하게 생각되지는 않았다. 단순히
그냥 한 끼의 국을 대신하는 것일 뿐.

　　중고등학교를 다니면서는 여름방학이면 하루 종일 반두와 해머를 들고 물에서
놀았다. 나는 해머를 들고 돌을 내리쳐 물고기들을 기절시켰다. 둘째 동생이 반두
로 쓸어 담아 양동이를 든 막내 동생에게 패스하면 마무리! 항상 양동이 차지였던
막내의 불만은 아직도 얘깃거리다. 이렇게 우리 삼형제의 활약으로 냉동실에는
물고기의 동사체가 가득가득했었다.

찬바람 부는 가을 대표 보양식

추어탕은 보통 미꾸라지를 주재료로 한다.

미꾸라지 추(鰍) 자를 써서 추어탕이다. 한자 미꾸라지 추(鰍) 자를 보면 '물고기 어(魚)' 변에 '가을 추(秋)'자를 쓴다. 아마 미꾸라지는 가을에 잡아야 그 효능을 제대로 볼 수 있다는 뜻이 아닐까 생각한다.

미꾸라지의 효능을 찾아보면 『동의보감(東醫寶鑑)』에 추어(鰍魚, 鰍魚)로 나오는데, "성질이 따뜻하고 단맛이 있어 속을 보하고, 설사를 멎게 한다."는 내용이 있다. 이러한 미꾸라지의 특성 때문에 찬바람이 불기 시작하면 가을보양식으로 추어탕이 널리 애용되었다고 생각한다.

가을이 되면 벼농사를 짓던 논에 물을 떼는 시기가 오는데 이때가 보통 추분 전후이다. 더 이상 벼논에 물이 필요치 않게 되는 시기에 도구를 친다.[1] 이때 물이 빠지면서 도랑의 진흙 뻘 속에 숨어 있는 미꾸라지들이 물을 찾아서 기어 나오기 시작하면 수확을 한다.

예전에는 무논에 물을 떼고 마른 논에서 미처 진흙 속으로 파고들지 못한 미꾸라지들을 줍줍하기도 했었으나 농약의 과다 사용과 여러 가지 자연환경의 변화로 인해 요즘은 그 모습을 찾아 볼 수가 없다.

국물 많은 경상도, 걸쭉한 전라도

추어탕은 지역마다 조금씩 다른 조리 방법을 갖고 있다. 경상도식은 미꾸라지를 삶아 으깨어 거른 다음 데친 풋배추, 고사리, 토란대 (어린 시절 고향에는 토란이 없었다), 우거지, 호박, 시래기, 파, 마늘 등을 넣고 끓인다. 나중에 다홍고추, 풋고추를 넣어 끓이는 곳도 있고, 먹을 때 다진 고추를 넣어

---

1 가을에 벼가 다 영글고 나면 논에 물을 빼기 위하여 골을 만드는 작업.

먹는 곳도 있다. 지역에 따라 방아 잎을 넣기도 하고 제피 가루[2]를 넣어 먹기도 한다.

전라도식 추어탕의 조리방법 역시 경상도와 비슷한 과정을 거치지만 나중에 된장과 들깨가루를 넣어 걸쭉하게 끓이는 것이 특색이다. 마지막에 제피 가루를 넣어 매운맛을 낸다. 서울에서는 미리 곱창이나 사골을 삶아 낸 국물에 두부, 버섯, 호박, 파, 마늘 등을 넣어 끓이다가 고춧가루를 풀고 통째로 삶아 놓은 미꾸라지를 넣어 끓인다.

경상도식은 국물이 많고 전라도식은 걸쭉하다. 서울식은 미꾸라지를 통으로 사용한다는 특징을 갖고 있다.

미꾸라지의 손질도 지역마다 그 방법을 조금씩 달리한다. 보통은 산 미꾸라지

---

2   초피나무의 열매껍질을 벗겨 그 껍질을 가루 낸 것. 초피나무와 산초나무는 비슷하게 생겼지만 줄기의 가시 모양과 열매의 달린 모양이 다르다.

를 그릇이나 소쿠리에 담고 소금과 호박잎을 함께 넣어 한동안 뚜껑을 덮어 두었다가 헹궈 낸다. 여기에 다시 소금을 뿌려 호박잎으로 몇 번 문질러 헹궈서 삶는다. 이렇게 삶은 미꾸라지를 갈아서 억센 뼈는 걸러내고 끓이거나 삶은 미꾸라지를 통째로 넣어서 끓이는 방법이 있다.

푹 삶은 고기에 제철 채소 곁들여

청도군은 물이 맑기로 유명한 지역이다. 내륙을 흐르는 운문천, 동창천, 청도천에서 잡히는 꺽저기, 남방종개, 동자가사리, 둑중개, 미꾸리, 감돌고기, 메기, 붕어, 동자개, 퉁사리 등 주로 1급수에서 사는 민물고기들이 주를 이룬다. 여러 종류의 민물고기들을 주재료로 해서 제철 산지 채소들을 곁들여 푹 끓여내면 맛좋은 청도추어탕이 된다. 청도추어탕의 특징은 추어탕을 끓일 때 미꾸라지만 사용하지 않고 여러 종류의 민물잡어들을 섞어서 끓인다는 것이다.

어머니의 추어탕을 끓이는 방법을 보면 이렇다. 먼저 잡아온 물고기를 손질한다. 이건 온전히 잡아온 사람의 몫이다. 어머니는 절대 물고기 손질을 하지 않으셨다. 이유는 모르겠지만 어릴 때부터 잡아온 물고기는 직접 손질을 해서 어머니께 드렸다.

냄비에 자작하게 물을 붓고 손질된 물고기가 익을 때까지 푹 삶는다. 다 삶아진 물고기를 체에 밭쳐서 거르는데 국물만 빠지게 하는 것이 아니라 손으로 문질러 굵은 뼈만 남겨 뼈는 버린다. 부재료로 들어가는 채소들은 시기에 따라 달라진다. 그때그때 제철에 나는 채소들을 재료로 사용한다. 우거지, 배춧잎, 파, 시래기, 열무, 부추, 호박 등을 넣는다. 억센 채소들을 먼저 넣어서 푹 익힌 다음 연한 채소들을 넣고 마늘, 된장 등의 양념을 넣고 끓인다. 마지막에 조선간장으로 마무리한다.

엄마표 추어탕은 추석을 앞두고 집안 벌초를 할 때면 반드시 등장을 한다. 타지에 나가 있는 일가친척들이 벌초보다는 엄마표 추어탕을 먹기 위해서 벌초에 참석하곤 했다.

청도역 주변 음식점 즐비

엄마표 추어탕이 바로 청도추어탕이다. 미꾸라지를 비롯한 여러 민물고기들을 넣어서 끓이는 청도추어탕은 민물잡어탕이라 해야 옳을 것이다. 하지만 이것이 바로 청도추어탕이 별미인 이유이다.

청도읍의 청도역 근처에 가면 여러 추어탕 집들이 있어 추어탕거리로 불리는 곳이 있다. 청도읍에 추어탕거리가 있다는 사실을 성인이 되어서야 알게 되었다면 믿지 않겠지만 사실이다.

청도역의 추어탕거리가 생기게 된 계기는 역 앞 의성 식당 창업자인 김말두 할머니가 1963년에 청도에서는 최초로 민물고기로 만든 추어탕 식당을 개업하면서부터라고 한다. 김말두 할머니는 경북 의성이 고향인데, 민물추어탕을 좋아하는 아버지를 위해 어머니가 만들던 요리를 전승해 당시 청도읍에서 식당 개업을 했다.

청도읍에 가면 청도역을 중심으로 여러 곳의 추어탕 집이 있다. 주인장의 손맛에 따라 조금씩 맛은 달리하겠지만 청도의 맑은 물에서 잡힌 1급수 민물고기와 산지 제철 채소의 싱싱함은 다 똑같다. 추어탕만을 단일 메뉴로 판매하는 곳도 있고 별미로 미꾸라지 튀김을 곁들여 판매하는 곳도 있다.

제피 가루를 먹지 못해 추어탕을 안 먹는 사람들이 꽤 많다. 제피 가루를 뺀 추어탕도 별미지만 역시 추어탕에는 제피 가루가 들어가야 제맛이 난다. 청도에 가면 추어탕과 제피 가루에 과감히 도전해 보기를 권한다.

영주

학창 시절 단골
철판볶음밥집 하나

이소영_ 산지니 편집자

나는 경상북도 영주시에서 고등학교를 다녔다. 아름다운 부석사가 있고 선비들의 고장으로 유명하며 사과가 일품인 영주. 이 고즈넉한 도시에는 현지인들에게 유명한 분식집이 하나 있다. 영주시에서 학창 시절을 보낸 사람이라면 누구나 알 법한 맛집 '하나'다. '하나'는 어디에서나 볼 수 있는 분식을 팔지만, 전국에서 단 한 곳, 오직 영주에만 존재한다. 여름 계절 메뉴로 파는 콩국수의 콩물을 영주 부석면 검은콩으로 만들어 영주만의 특색도 살리는 집이다.

고등학교 3년 내내 시험을 치고 일찍 마치는 날이면 우리는 이곳으로 달려갔다. 목적은 다른 곳은 흉내도 못 낼 '하나'만의 철판볶음밥. 머릿속을 철판볶음밥으로 가득 채운 채 들어서면 선택의 시간이 다가온다. 치즈냐, 불고기냐 그것이 문제였다. 강경 치즈파였던 나는 열렬히 치즈를 주장했다. 당시의 나는 불고기를 별로 좋아하지 않았기 때문이다. 가끔은 어쩔 수 없이 불고기 철판볶음밥을 먹어야 했지만 그것도 그런대로 맛있어 큰 불만은 없었다.

우리가 어떤 선택을 할지 열띤 토론을 하는 동안 가게 주인인 사장님은 항상 지정석에서 노트북을 보고 계셨다. 목소리가 성우처럼 멋있는 걸로 유명한 사장님

이 노트북으로 무얼 하고 계시는지 우리는 항상 궁금했지만 아직까지도 알아내지 못했다.

분식에서 빠지면 아쉬운 맑은 장국

토론 중인 아이들을 두고 나는 국을 뜨러 가곤 했다. '하나'가 특별한 이유 첫 번째, 바로 장국이다. 분식 먹을 때 빠지면 아쉬운 맑은 장국은 원하는 만큼 얼마든지 직접 떠먹을 수 있어서 가끔은 네 번이나 떠먹기도 했다. 인원수대로 떠서 쟁반에 담아 와 앉으면 주문은 이미 끝난 후다.

우리끼리 오늘 친 시험 얘기, 밥 먹고 나서 할 거리를 이야기하고 있으면, 사장님이 테너 같은 웅장하고 친절한 목소리로 "치즈 철판볶음밥 나왔습니다." 하시며 커다란 철판을 가지고 오셨다. 철판은 김, 참치, 옥수수, 당근, 파, 김치, 치즈 등으로 꽉 차서 알록달록 오색찬란했다. 입맛을 다시고 철판 위에 올려져 있는 주걱을 잡으려고 하면 사장님께서 멋지게 손을 들어 제지하셨다.

"잠시 기다리세요."

고개를 주억거리고 친구들과 눈빛 교환을 했다. 기대로 가득 찬 얼굴이 똑 닮았다. 고이는 침을 몇 번 삼키고 나면 사장님께서 현란하게 밥을 볶아주셨다. 치익치익 소리와 함께 치즈가 쭈욱쭈욱 늘어나는 걸 감탄하며 쳐다봤다. 알록달록하던 밥이 섞이며 주홍빛으로 물들어갔다. 참을 수 없는 냄새에 다 같이 발을 동동 구르며 묵음의 환호를 내질렀다. 이때는 아직 사장님이 밥을 볶아주실 때면 대화가 뚝 끊기던 나이였다.

"자, 다 됐습니다. 맛있게 드세요!"

잘 깔린 볶음밥을 구태여 주걱으로 꾹꾹 누르며 더 넓게 폈다. 노릇노릇하게 익혀 바삭해진 누룽지를 먹는 게 우리의 즐거움이었다. 드디어 먹을 준비가 되면 친구 한 명이 주걱을 쥐었다. 그리고 아이들 그릇에 덜어줬다. 보통 주걱을 먼저 쥐는 친구는 평소에도 친구들을 잘 챙기는 어른스러운 아이였다. 나는 주로 챙겨지는 편이었다.

100% 자연산 치즈가 듬뿍

흰 그릇에 담긴 볶음밥에 너도나도 숟가락을 들이댔다. 바로 입에 넣으려다 뜨거운 김에 놀라 후후 입김을 불어 식힌 후 먹으면 그렇게 맛있을 수가 없었다. '하나'가 특별한 이유 두 번째, 치즈가 엄청 많다. 거기다 100% 자연산이다. 보통 치즈 볶음밥이라 하면 볶기 전에나 치즈가 있다는 걸 알지 볶은 후에는 대체 어디로 사라졌는지 알 수 없는 게 치즈 아니던가. 하지만 '하나'의 치즈는 밥을 뜰 때마다 쭉쭉 늘어나는 치즈를 선보였다.

'하나'가 특별한 이유 세 번째, 볶음밥 양이 엄청 많아 배가 터질 것 같을 때까지 먹을 수 있다. 바닥에 눌러 붙은 것까지 싹싹 긁어 먹어치우고 나면 숨쉬기가 어려울 정도였다. 어느새 오늘 치른 시험은 잊힌 지 오래. 한껏 행복해진 얼굴들로 계산을 했다. 1인당 4,000원밖에 하질 않아 둘이 가면 8,000원, 셋이 가면 1만 2,000원을 사이좋게 나눠 내고 가게를 나섰다. 싼 가격에 끝내주는 식사를 하고 난 후 우리들의 웃음소리는 더욱 높아져 있었다.

6년만에 똑같은 음식 먹으며 '감동'

고등학교 졸업한 지 6년 만에 친구들과 '하나'를 다시 찾았다. 건물 입구에 그때는 보이지 않던 문구가 적혀 있었다. "당신은 그들과 다릅니다." 어릴 때는 맹렬하게 뛰어 들어가느라 입구 같은 건 볼 여유가 없었는데 이제야 눈에 들어왔다. 가게에 들어서니 그때 그 자리에 앉아 사장님이 노트북을 하고 계셨다. 들어오기 전에 친구들과 사장님 노트북 이야기를 했던지라 웃음이 터졌다. 진짜 오랜만이라고 감탄하며 들어가서 앉아 메뉴를 고르려는데 친구 한 명이 갑작스레 말했다.

"그런데 누가 불고기 싫어하지 않았나?"

물음표를 띄우고 듣다 보니 내 얘기였다. 나조차도 잊고 있었던 불고기 이야기였다. 깜짝 놀라 그거 나라면서 잊고 있었다고 대답을 했다. 갑자기 지금 우리가 앉아 있는 이 '하나'가 더 사랑스러워졌다. 이제는 내가 아니더라도 채식하는 친구도 있고 돼지고기 알레르기가 생긴 친구도 있어 치즈 철판볶음밥을 주문했다. 또 고등학생 때는 1만 원이 넘어 쳐다보지도 못했던 탕수육도 시키고, 치즈떡볶이까지 시켰다. 그렇게 많이 드나들었으면서 탕수육은 처음 먹어보았다.

"가격이 오백 원밖에 안 올랐네."

6년이나 지났건만 볶음밥 가격이 4,000원에서 오백 원밖에 오르지 않았다. 음식이 나오길 기다리며 그때 그 시절 추억들을 새록새록 떠올렸다. '하나'에서 이야기하니 더욱 선명하게 떠올랐다. 그 당시 친구들이 자주 입었던 외투, 선생님한테 혼났던 이야기, '하나'에서 밥을 먹고 갔던 볼링장 등. 우리의 추억들이 여기 '하나'에 고스란히 담겨 있었다.

곧 음식이 나왔다. 사장님이 밥을 볶아주셨던가 기억이 잘 나지 않아 주걱에 손을 대려고 하자 여전한 자세로 사장님께서 제지하셨다. 현란한 사장님의 볶는 솜씨를 구경하고 너도나도 숟가락을 들었다. 볶음밥부터 한입 먹어보았다. 솔직히 6년이 넘어 그때 그 맛인지는 모르겠다. 하지만 한 가지 분명한 건 '맛있다'였다. 시간이 많이 흘렀는데도 또다시 '하나'에 모여 똑같은 음식을 먹고 있다니 감동이었다. 처음 먹어 보는 탕수육의 맛도 끝내줬다. 어떻게 이렇게 바삭바삭하지? 감탄하며 모든 그릇을 깨끗하게 비웠다. 배부르게 식사를 한 후 나서며 계산을 하니 5만 원이 훌쩍 넘었다. 끽해야 1만 원쯤 내던 때에 비하면 어마어마한 가격이었다. '하나'에서 5만 원어치를 먹었다며 격세지감을 느끼며 나온 우리들은 충격에 휩싸였다. 간판에 탕수육전문점이라고 씌어 있었던 것이다.

"여기 탕수육 전문이었어?!"

"어쩐지 엄청 맛있더라."

여태까지 철판볶음밥집인 줄로만 알았는데 메인은 탕수육이었다니. 이제야 그 사실을 안 우리는 서로를 보며 웃음을 터뜨렸다. 그래도 '하나'는 우리에게 영원한 철판볶음밥집일 것이다. '하나'가 둘도 없는 맛집인 이유는 맛도 맛이지만, 우리의 기억과 추억이 있어서다. 맛집이라 함은 비단 맛만 있는 집은 아닐 것이다. 맛, 기억, 공간 이 모든 게 아우러져 행복을 불러일으키는 게 맛집이다. 부디 '하나'가 오래오래 그곳에 있어줬으면 좋겠다.

대전 향토 음식을 묻거든, 칼국수와 두부두루치기를 먹게 하라

하문희_ 월간 토마토 작가

칼국수는 손으로 밀가루를 반죽하여 칼로 잘라 만든 국수다. 어릴 때는 칼국수라는 이름만 듣고 국물 안에 칼이 들어 있는 국수라고 생각했다. 초등학교에 다닐 무렵 음식점에 가서 칼국수를 본 순간 그 오해는 풀렸던 것으로 기억한다.

칼국수는 대전을 대표하는 음식 중 하나다. 대전에 오면 칼국수와 두부두루치기를 먹어야 대전을 제대로 여행하는 것이라고 말한다. 식도락가라면 한 번쯤 들어봤을 만한 메뉴이자, 대전의 향토 음식이다.

칼국수 한 그릇, 근현대사 한 그릇

조선시대 가장 오래된 한글조리서인 『규곤시의방(閨壼是議方)』에서는 칼국수를 절면(切麵)이라고 쓴다. 절면은 주재료로 메밀가루를 사용하고 찰기를 주기 위해 밀가루를 섞은 면이다. 밀가루만을 사용해서 면을 만드는 오늘날의 칼국수와는 차이를 보인다. 조선시대에 국수는 양반들이나 먹을 수 있는 고급음식이었다. 밀가루가 귀했기 때문이다. 긴 국수 가락이 장수의 의미

진로집 칼국수와 두부두루치기

를 내포해 더욱더 귀하게 여긴 부분도 있다. 칼국수도 별반 다르지 않다. 잔칫날에나 맛볼 수 있는 칼국수는 일제강점기와 한국전쟁을 거치면서 대중적인 음식으로 변화했다.

한국대민족백과사전에 따르면 칼국수가 대전에서 대중화되기 시작한 것은 한국전쟁 때부터다. 대전은 일제강점기에 대전역을 지으면서 경부선과 호남선 철도의 분기점이 됐다. 한국전쟁 이후에는 대전에 경상, 전라, 충청으로 보낼 미국의 원조 물자를 보관하는 저장소를 설치했다. 원조 물자 대부분이 밀가루였기 때문에 대전에도 자연스럽게 밀가루 보급이 활발해지기 시작했다. 정식 절차를 거쳐 대전에 퍼진 것이 아니라 뒤로 빼돌린 밀가루가 상당 부분 지역에 퍼지면서 칼국수를 많이 만들어 먹었다는 비공식 주장이다. 전국 어디에나 있는 칼국수가 대전을 대표하는 음식이 된 역사적 배경을 이렇게 추정하는 사람도 있다.

정부에서 분식 장려 운동을 전국적으로 펼치며 쌀 대신 밀가루로 만든 음식을 먹는 캠페인을 벌이기도 했다. 이때 대전에 커다란 제분소들이 생겨났다. 제분소를 중심으로 칼국수 가게가 줄지어 들어섰다. 지금도 대전역 주변 상권에는 칼국수로 유명한 맛집이 상당수 포진해 있다. 심지어 칼국수를 전문적으로 하지 않는 식당이나 분식집에서도 칼국수를 판매하고, 대전에서 매년 칼국수 축제가 열릴 정도다. 칼국수를 향한 대전 사람들의 애정을 알 수 있는 부분이다.

칼국수에는 각 지역의 특산물을 장국 재료로 이용했기에 그 종류도 다양하다. 국수 맛을 살려주는 감자와 애호박은 여름에 수확하고, 기르기도 쉬운 작물이기 때문에 칼국수의 부재료로 애용되었다. 대전은 칼국수를 전국에서 가장 다양하게 즐기는 도시 중 하나다. 멸치로 육수를 낸 칼국수부터 들깨칼국수, 콩 칼국수, 사골칼국수, 사골과 멸치 육수를 함께 넣은 칼국수, 두부 칼국수, 오징어 칼국수, 김치 칼국수, 바지락 칼국수 등 그 어느 곳에서도 맛볼 수 없는 다양한 종류의 칼국수가 존재한다.

1969년에 문을 연 진로집은 식도락가라면 모를 수가 없는 곳이다. 좁은 골목길 구석에 숨어 있는 진로집은 마치 〈해리포터〉의 9와 4분의 1 승강장 같다.

두루쳐 내와 봐라

두루치기는 냄비에 돼지고기, 오징어, 두부 등을 썰어 넣고 각종 채소와 양념을 함께 볶다가 물을 조금 부어 자작하게 끓인 음식이다. 경상도, 전라도, 충청도 등 지역에 따라 다양한 조리법이 존재하고, 재료도 다르기 때문에 어디가 원조인지는 알 수 없다.

다만, 두부두루치기는 대전이 원조라는 주장이 있다. 1990년대 중반 대전역을 중심으로 두부두루치기가 큰 인기를 끌며 도시에 퍼졌다는 주장이 현재 가장 유력하다. 두루치기라는 이름의 유래에도 여러 설이 있다. '모든 사람의 입맛에 두루두루 맞는 음식'이라는 뜻에서 출발했다는 설이 있고, 충청도 지역에서는 대전에 있는 '진로집'이라는 식당에서 만든 음식 이름이라는 설이 존재한다. 진로집의 대표 술안주 메뉴인 두부 요리를 손님들이 좋아해 "두부를 맛있게 매쳐라, 때려라, 매때려라, 두루쳐 내와 봐라"라고 주문하다가 '두부두루치기'라는 이름을 얻게 됐다는 이야기가 전한다.

두부두루치기는 고기를 넣지 않고 고추장, 파, 참기름 정도만을 넣는다. 다른 지역의 두루치기는 소나 돼지고기가 들어가는데 왜 대전에서는 두부만이 들어갈까? 당시에는 두루치기에 고기를 넉넉히 넣을 수 있을 만큼 형편이 넉넉하지 않고, 대전에 콩이 많이 났기 때문이다. 대전은 지명에서 알 수 있듯 '큰 밭'이 있는 지역이다. 그만큼 농사와 밀접하게 연관됐다. 밀가루 음식인 빵과 국수가 발달했고, 콩과 같은 작물도 발달했다. 대표적인 게 콩튀김이다. 콩에 찹쌀을 입혀 기름에 튀겨 먹는 콩튀김은 학교 급식의 단골 메뉴다. 대전에서는 멸치볶음보다 콩튀김을 더 즐겨 먹는다는 말이 있을 정도로 일상적인 음식이지만, 다른 지역에는 없는 대전 향토 음식이다. 이외에도 콩갈비탕, 콩짬뽕 등 콩을 활용한 다양한 음식이 있다. 콩을 향한 대전 사람들의 애정에서 두부두루치기가 향토 음식으로 자리 잡았다는 게 전문가들의 주장이다. 반면에 서민이 저렴한 가격으로 싸게 먹을 수 있는 음식 중에 두부만 한 것이 없었기 때문이라는 주장도 설득력 있게 제기된다. 앞서 소개한 진로집이 처음 문을 열었을 때는 개천 옆에 얼기설기 엮은 판잣집이었다. 비만 간신히 피할 수 있는 곳이었고 그곳에 몰리는 술꾼들 주머니 사정이 넉넉했을 리는 없다. 저렴하게 풍성한 안주를 만들어 주고 싶은 식당 주인과 술꾼의 입맛이 맞아떨어졌다는 얘기다.

두부두루치기의 원조, 진로집

1969년에 문을 연 진로집은 식도락가라면 모를 수가 없는 곳이다. 좁은 골목길 구석에 숨어 있는 진로집은 마치 〈해리포터〉의 9와 4분의 1 승강장 같다. 이 승강장이 그 존재를 아는 사람들만 볼 수 있고 들어갈 수 있는 곳이듯, 진로집도 맛을 아는 사람들이 찾는 곳이다. 이곳의 오랜 역사는 가게

진로집 간판과 입구

내부를 통해서도 알 수 있다. 짙은 색깔의 목재를 코팅한 벽과 무늬를 새긴 천장은 마치 가정집 거실에 있는 듯한 느낌을 준다. 주방 쪽 벽에는 옛날 골드스타 냉장고가 있다.

이곳의 두부두루치기는 1960년대 포장마차에서 시작했다. 진로집의 창업주가 생두부를 데쳐서 팔다가 손님의 요청으로 양념을 첨가하며 개발했다. 그로부터 약 60년째 전통을 이어오는 중인 진로집은 음식의 맵기와 간, 국물의 농도까지 손님의 요구를 빠짐없이 들어준다. 두부두루치기의 맵기도 세 가지 단계로 조절할 수 있다.

진로집 칼국수는 멸치를 우린 육수를 쓴다. 마늘과 애호박, 파 등 기본적인 재료만으로도 깊은 맛을 낸다. 시간이 지날수록 면발의 녹말이 국물에 녹아 나와 걸쭉한 맛을 더한다. 두부두루치기는 기본적으로 맵기 때문에 매운 것을 잘 못 먹는

두부두루치기에 면 비벼 먹기

다면 순한 맛을 시켜야 한다. 중간 맛도 맵다. 두부두루치기는 마파두부와 비슷하게 생겼다. 두부 모양이 일정하지 않다. 강도도 순두부보다는 단단하고, 모두부보다는 부드럽다. 두부를 숟가락으로 떠서 입에 넣으면 고소한 향이 퍼진다. 씹을수록 고소한 맛이 더해서 두부 자체에서 나는 맛인 줄 알았는데, 양념에 넣은 들깻가루 덕분이라고 한다. 양념에서는 알싸한 고춧가루 향이 난다.

그 뒤로 매운맛이 올라오지만, 짜지 않아서 덜 자극적이다. 혀 안쪽에서부터 올라오는 매운맛을 즐기며 먹다 보면 이마에 땀이 송골송골 맺힌다. 이때 반찬으로 주는 동치미를 숟가락으로 떠야 한다. 동치미의 시원하고 깔끔한 맛이 혀를 진정시킨다. 두부가 어느 정도 남았다 싶을 때 칼국수 사리를 추가해야 한다. 진로집 두부두루치기의 진가는 여기에서 나온다. 두루치기 국물에 비벼 먹는 밥 또는 면이 매운맛을 중화시키고, 깊은 맛을 극대화한다.

술안주로도 유명한 두부두루치기 명성답게 저절로 술이 당긴다. 식당을 찾은 날도 점심시간부터 어르신들이 두부두루치기와 소주를 주문했다. 이곳의 두부두루치기에는 세월뿐만 아니라 이곳을 방문한 사람들의 이야기도 담겨 있을 것이다.

색다른 국수를 맛보고 싶다면 소나무집
반찬으로 준 알타리 김치를 맨입으로 먹었다가 깜짝 놀랐다. 눈이 절로 감길 정도로 시큼한 맛이 입안 전체에 퍼졌다. 알고 보니 알타리 김치는 칼국수에 넣어서 먹는 거라고 한다. 소나무집의 오징어 칼국수를 먹

소나무집 오징어 칼국수

는 방법이다.

　오징어 칼국수에는 탱탱한 국산 오징어와 무, 양파 등이 들어간다. 대전극장통에 있는 이곳은 한때 극장과 영화사로 가득 찼던 대전 극장 골목의 흥망성쇠를 모두 지켜봤다. 이곳을 운영하는 문순옥 씨는 영화사 손님의 제안으로 오징어 국수를 만들기 시작했다. 결혼 후 남편이 입대하면서 문순옥 씨는 혼자 먹고 살길을 찾아야 했다. 당시 문순옥 씨의 남편이 운영하던 전파사 옆에는 '소나무집'이라는 대포집이 있었는데, 문순옥 씨네 부부 건물에 세 들어 있던 가게였다. 문순옥 씨는 지금 돈으로 약 22만 원 정도로 장사를 시작해 전 주인에게 60만 원을 주고, 가게를 넘겨 받았다. 이후 메뉴를 칼국수로 바꿨다. 가게 이름은 그대로 썼다. 처음에는 멸치 육수로 낸 칼국수를 만들었다. 문순옥 씨는 손님들에게 칼국수와 같이 먹을 오징어 두루치기를 자주 만들어 줬다고 한다. 손님들은 창의적으로 오징어 두루치기 국물에 남은 국수를 비벼 먹기 시작했다. 그중 한 영화사 손님이 '피등어 국수'라는 메뉴를 제안했다. 그렇게 오징어 국수가 탄생했다. 피등어는 오징어의 방언이다.

오징어 국수는 오징어를 먼저 건져 먹은 후 면을 추가해 먹는다. 국내산 오징어는 깨물면 단맛을 낸다. 오징어의 단맛과 알타리 김치의 시큼한 맛이 매운 양념과 더해져 감칠맛을 낸다. 면을 다 먹으면 국물에 밥을 볶는다. 볶음밥에서는 특이하게 초콜릿 냄새가 난다. 적당히 탄 양념에서 나는 냄새와 맛이다.

소나무집은 리모델링하지 않고 옛 모습 그대로 남아 있다. 메뉴판은 종이에 써서 벽에 붙인 게 다다. 그럼에도 옛 맛을 잊지 않고 찾아오는 사람들을 위해 꾸준히 자리를 지킨다. 지금은 문순옥 씨의 가족이 가게를 운영한다.

오랫동안 사랑 받는 곳 광천식당

광천식당은 대전 선화동에서 50년 넘게 자리를 지켜온 향토 맛집이다. 가게 문 옆에는 3대에 걸쳐서 운영해 온 매장이라는 사실을 자랑스럽게 걸어 놨다. 매운 양념으로 만든 두부두루치기와 오징어두루치기는 이곳의 대표 메뉴다. 한창 점심시간인 12시 반, 광천식당은 주문과 조리로 모두가 바쁘다. 가게 앞에서는 길게 줄을 서서 기다리는 직장인들의 모습을 종종 볼 수 있는데, 이날은 운이 좋게 대기 줄이 없었다.

북적북적한 1층을 지나 2층으로 올라가 자리를 잡았다. 칼국수 하나와 양념면 하나를 주문했다. 메뉴판을 보니 1인분 주문도 가능하다고 한다. 잠시 뒤 반찬과 음식이 나왔다. 반찬은 매운맛을 중화시켜 줄 멸치 육수와 김치, 동치미를 준다. 양념면은 태양초 고춧가루에 청양고추까지 듬뿍 넣은 두부 두루치기를 넣은 면이다. 양념의 간이 세지 않아 처음 먹었을 때는 별로 맵지 않다고 생각할 수 있다. 그렇다고 마구 먹으면 안 된다. 어느 순간 속에서부터 매운맛이 올라온다. 양념의 반격이다. 예상치 못한 반격에 마지막에는 혀와 머리가 얼얼하다. 말 그대로 정신이 아찔해지는 매운맛을 경험할 수 있다.

칼국수는 멸치 육수를 쓴다. 면 위에 쑥갓과 유부, 계란지단을 올리고 들깻가

광천식당 칼국수와 양념면

루를 뿌렸다. 국물 안에 양념도 조금 들어 있다.

커다란 냉면 그릇에 가득 담겨 나오는 국수는 5,000원이라는 가격이 믿기지 않을 만큼 푸짐하다. 육수가 깔끔하고 개운해 해장하러 오는 사람도 여럿 보였다. 쑥갓의 맛이 은은하게 남아 있어 혀 안쪽에서 쓴맛이 느껴진다. 그 쓴맛이 느끼함을 잡아준다. 음식을 만든 사람의 깊은 고민이 엿보이는 맛이다.

잔술에 닭발,
매콤한 추억을 뜯네

이재표_ 시인

소주를 잔술로도 팔던 시절이 있었다. 대개는 누군가가 반쯤 마시다가 남기고 간 술을 낱잔으로 팔았다. 손수레를 개조해 만든 이동식 선술집을 '포장마차'라고 부르던 시절의 얘기다. 포장마차 거리도 있었고, 귀가하는 술꾼의 길목을 지키는 동네 포장마차도 있었다. 주황색 비닐 포장 내부를 밝히던 카바이드(Carbide)나 알전구 불빛은 겨울밤에 운치를 더했다.

포장마차의 얼음을 깔아놓은 유리 상자 안에는 꼼장어(먹장어)나 고갈비, 해삼, 멍게 같은 고급안주도 있었지만, 잔술에는 대개 닭발을 뜯었다. 닭발 역시 낱개로 팔았기 때문이다. 식은 닭발 한 개를 들고 잔술 서너 잔을 연달아 삼키던 청춘의 추억이 지금도 닭발을 찾게 만든다.

"뭐 그렇게 먹을 게 없어서 닭발까지 먹느냐"는 사람들도 있지만 닭발을 먹는 나라와 민족은 생각보다 많다. 중국과 동남아 여러 나라를 비롯해 중남미 국가에도 닭발 요리가 있다. 심지어 러시아와 우크라이나 사람들도 닭발을 먹는단다. 일본과 유럽 여러 나라에서는 닭발 육수가 국물 요리의 비법이다.

매콤해서 기분 전환에 좋은 술안주

사골국물보다 깊고 진한 맛의 비결은 '콜라겐' 성분이다. 육수는 말할 것도 없고 매운 닭발 국물도 식을라치면 묵처럼 엉긴다. 이 성질을 이용해 만드는 '닭발편육'도 맛과 영양이 일품이다.

닭발, 특히 매콤한 우리나라 닭발 요리의 또 다른 효용성은 기분 전환에 도움이 된다는 것이다. 매콤한 맛이 스트레스 해소에 도움이 된다는 것은, 과학적으로도 입증됐다. 그렇다고 소주와 닭발의 '장복(長服)'을 권장하지는 않는다. 기분 전환엔 도움이 되겠지만 위장이 상할 테니 말이다.

종합해 볼 때 나는 매콤해서 기분 전환에 좋은 술안주이자, 영양학적으로도 훌륭한 평가를 받는 닭발 요리 마니아다. 여기에다 청춘의 추억까지 오물거릴 수 있는 것은 덤이다.

그런데 언제부턴가 닭발집에 가면 특수부위(?)에 모양새 때문에 '혐오식품'이라는 세간의 평가와 달리 여성 손님이 절반 이상일 때가 많다. 그만큼 닭발은 대중화됐다. 주먹밥, 계란말이를 곁들여 식사 대용으로 먹는 사람들도 있다. 하지만 수요가 커졌음에도 닭발은 결코 저렴한 음식이 아니다.

닭발은 술꾼들이라면 이제 아껴 가면서 먹는 안주가 됐다. 닭발 한 접시에 대개 1만 5000원~2만 원 정도의 가격이 형성됐는데, 뼈에 붙은 살을 뜯어 먹는 음식임을 생각할 때 닭발의 가격은 만만히 볼 게 아니다.

하지만 거름더미를 헤집어 먹이를 찾아내고 평생 '달기통(닭똥의 충청도 사투리)'을 밟고 다니던 생전의 닭발을 생각하면 꼼꼼하고도 믿을 수 있는 가공에 대한 공력(功力)은 제값을 쳐줘야 한다고 생각한다. 물론 믿을 수 있는 유통경로가 확인된 경우에 한해서다.

3년간 전국 발품 팔아 완성한 맛

유통이나 가공 과정의 비위생, 특히 근본을 알 수 없는 수입 닭발에 대한 폭로성 보도 탓에 매출이 휘청거리는 음식이 닭발이다. 전통시장 뒷골목에서 할머니들이 손톱깎이로 하나하나 닭발을 다듬던 시절이 아니다. 대량유통을 위해 혹시 유해 약품을 사용하는 건 아닌지도 솔직히 염려스럽다.

내가 충북 청주의 '석호네 닭발(청주시 흥덕구 복대동)'을 믿고 먹는 이유다. 이집은 곤드레 밥집을 하던 조석호 대표가 2014년에 문을 열었다. 저녁 장사가 시원치 않아서 고민하다가 대표적인 야식 메뉴인 닭발에 눈길이 갔단다.

일단 손맛이 좋은 '엄마표' 닭발을 베이스로, 전국의 이름난 닭발집을 순회하며 맛을 비교하고 분석해 현재의 맛을 찾아냈다. 닭발의 맛을 탐색하는 데 꼬박 3년이 걸렸다고 한다.

석호네 닭발은 일단 독하게 맵지 않은 것이 특징이다. 단계를 정해놓고 매운맛을 경쟁적(?)으로 즐기는 유행에도 불구하고, 나는 혀끝이 아릴 정도로 무자비한 맛을 내는 닭발은 일단 사절이다. 나이가 들어갈수록 자극적인 매운맛을 이겨내지 못하기 때문이다. 한국에서 맵다는 청양고추로도 모자라 이른바 '월남고추'를 빻은 고춧가루를 사용하고, 캡사이신(Capsaicin)까지 첨가한 독한 닭발은 고통스럽다.

그런데 석호네 닭발은 적당히 맵다. 물론 매운맛의 강도를 조절할 수는 있겠지만 단맛이 올라오는 특유의 매운맛은 설탕이나 올리고당으로 누그러뜨린 '맵단(지나치게 맵고 지나치게 단맛)'이 아니다.

쥔장에게 비결을 물었더니 "매운 걸 잘 못 먹는다"는 뜻밖의 답변이 돌아왔다. 닭발집 대표가 매운 걸 못 먹는다니! 수입 고추나 캡사이신이 내는 매운맛에는 적응하지 못했다는 얘기였다. 딱 내 수준이다.

석호네 닭발은 충북 괴산군에서 생산하는 고춧가루만 쓴다. 석호네는 괴산군

과 '괴산청결고추'로 만든 고춧가루만 사용하는 협약을 체결했다. 지역 뉴스에도 보도가 됐고, 인터넷에서 판매하는 석호네 닭발의 상표명은 아예 명토 박아 '괴산 고추닭발'이다.

믿을 수 있는 재료 '보증 맛집'

　　　　　　　　　　　　　석호네를 즐겨 찾는 또 하나의 이유는 주재료인 닭발의 위생을 믿을 수 있기 때문이다. 석호네는 뼈 있는 닭발이나 뼈를 발라낸 닭 발 모두 농협목우촌 제품을 쓴다.

　8년이라는 시간이 흐르는 동안 입소문이 나서 충북에만 서른 개가 넘는 가맹점 이 생겼지만 조석호 대표는 직접 본점을 운영하면서 공장관리를 통해 균질화된 제 품을 생산, 공급한다. 그래서 석호네 어떤 가맹점에 가더라도 믿을 수 있는 닭발과 부대 메뉴를 먹을 수 있다.

　공장화되면서 재료에 대한 관리는 더 철저하게 시스템화됐다. 괴산고춧가루와 농협목우촌 닭발 외에도 닭발 양념 맛을 좌지우지하는 마늘도 100% 국내산만 사 용한다.

　닭발 마니아에게는 공식이 있다. 일단 그날 느낌에 따라 '뼈냐, 무(無)뼈냐'를 결정한다. 물론 늘 한쪽만 고집하는 사람도 있다. 다음에는 부대 메뉴를 결정해야 한다. 대개 옛날 통닭이나 닭똥집(모래집), 계란말이 중에 하나를 선택한다. 3차 선택은 주먹밥이냐, 꼬마김밥이냐, 닭발 양념에 밥을 볶느냐다.

석호네는 '아무거나'를 좋아하는 충청도 사람들의 선택을 돕기 위해 닭발과 부대 메뉴를 결합한 A, B, C 세트 메뉴를 만들어 놓았다. 세트는 값도 조금 저렴하다.

석호네 닭발의 또 다른 별미는 튀김옷을 거의 입히지 않은 옛날 통닭이다. 토막 내 튀기지 않고 통째로 튀긴 한 마리를 찢어서 먹는 게 특징이다. 유난히 촉촉하고 쫄깃한 맛이 프라이드 치킨과는 확실히 다르다. 소금에 찍어 먹기도 하지만 청양고추 채를 넣은 양념간장에 찍어 먹는 게 더 개운하고 맛있다. 아쉬운 건 닭이 좀 작다 싶은데, 크지만 퍽퍽한 육계보다 쫄깃함이 더한 '토종 어린 닭'을 쓰기 때문이란다.

쥔장의 손맛이나 비법 소스가 전해져 내려오는 100년 가게, 전통 맛집도 좋지만, 나는 믿을 수 있는 재료가 변함없는 맛을 보장하는 '보증 맛집'도 선호한다. 믿고 먹는 것은 기본이고, 재료가 맛을 결정한다고 해도 지나치지 않기 때문이다.

날이 덥고 습하다. 이런 날은 코끝에 송골송골 땀이 맺힐 정도로만 적당히 매운 석호네 닭발이 더 당긴다.

– 정보 https://sukhonefood.com/

해란강에는 전(煎)에서
전(傳)이 흐른다

정규호_ 문화기획자

전(煎)은 참 겸손하고 예의 바른 음식이다. 온갖
음식 재료가 섞여 윤기 자르르한 기름옷을 입었으되 언제나 잘난 척이 없다. 절대
로 '나'라고 부르지 않는 '전'은 항상 자신을 낮추되, 남을 깎아내리는 법이 없다.

암울한 군사독재의 시절. 본의 아니게 평생을 낮춰 살아야 했던 '전'씨 성을 가
진 사람이 역사를 피로 물들인 것도 따지고 보면 한 번도 '나'라고 당당하지 못했던
비굴함을 견디지 못한 반항적 착란에서 저지른 짓이라나 뭐라나. 믿거나 말거나.

비라도 추적추적 내리는 날이면 끝내 참지 못하고 2차선이 간신히 버티고 있는
골목길을 순례하는 술꾼의 허기에는 그렇게 허무맹랑한 이야기조차 어색하지 않
다.

30년 넘게 한 곳서 고소한 냄새로 유혹

〈해란강〉은 이 골목에서만 30년을 훌쩍 넘기며 여
전히 '전(煎)'을 고집하고 있다.

한반도 남쪽의 한복판, 움푹 파인 분지(盆地)의 도시 청주는 유난히 비가 많은

고장은 물론 아니다. 어쩌다 몇십 년에 한 번쯤 도로에 물이 흐르고, 낮은 집들이 잠기는 시련을 겪을 수도 있으나 대체로 무미건조한 도시로 손꼽는 데 주저함이 없다. 한마디로 '노잼 도시'로 주목을 받고 있는데, '전(煎)집'에 주저함이 없이 30년 넘도록 버티는 고소함은 그야말로 역설이다. 해란강의 그런 근근함은 어쩌다 햇볕 쨍쨍한 날 낮술에 불과해 전집을 전세 낸 듯 착각하는 술꾼들이 잘 안다.

그러니 비가 내리든 말든, 바깥이 환하든 말든 해란강의 전(煎)이 만나는 이야기는 언제나 혁명이고, 투쟁이 아닐 수 없다.

남에서 북으로 거꾸로 흐르는 물길이 있는 도시는 흔하지 않다. 한양에서 아래로 물을 보내지 않고, 도성을 향해 위로 흐르는 무심천이 지적인 골목에 〈해란강〉은 있다. 허름한 한옥에서 시작한 〈해란강〉은 벼름박('바람벽'의 방언)마다 누렇게 지짐이 그을림이 그럴듯한데, 문창호지로 도배한 그 벼름박에 빼곡하게 채워진 '조국과 민족'이거나 '자유'와 '민주'의 간절한 절규를 지짐이 그을림은 지워지지 않는 흔적이 되기도 했다.

〈해란강〉에서의 격렬한 술잔과의 투쟁은 대개 '모듬전'으로 시작한다. 붉은 의지를 담은 장떡과 대나무 쟁반에 가득한 갖가지 전이 시리즈로 나오기 전, 빈속에 막걸리 한 주전자이거나 소주 두 병쯤 비우지 못한다면 〈해란강〉에 대한 기본 예의가 아니다. 그러니 겸손하기 그지없는 음식 '전(煎)'을 대하는 사람의 도리가 아니라는 핀잔 정도로 기꺼이 넘길 수 있는 넉넉함은 필수 조건이 되겠다.

시대에 대한 희망과 절망 함께 다스려

동태전, 동그랑땡, 고추전, 깻잎전 등등. 〈해란강〉
모듬전에 등장하는 개별적인 것은 여느 전집과 크게 다르지 않으니, 특별함은 없다.

다만 단 한 가지라도 날것은 없고, 육해공의 동물성과 그 모든 식재료를 감싸고 있는 식물성의 관용은 날카로운 투쟁과 시국에 대한 탄식, 그리고 문화와 예술에 대한 희망과 절망마저도 어우르고 다스리는 신통력이 있다.

흐르네 그대 거친 땅 싸움 많은 이 땅 위에 흐르네

더러는 부여잡고 더러는 번뜩이며 그대

고단한 숨 소리로 흐르는 무심천

그대 흐르네 들판에 적셔진 혼곤한 우리의 노고

늦가을 이파리 없고 날 흐린 도시의 복판 그대

스스로 자리 낮추며 흘러가는 물줄기여

흐르네 그대 날 어둔 청주의 한복판 흐르네

새날의 출렁임 위해 싱싱한 출렁임 위해 그대

끝끝내 살아서

– 김희식 「무심천」

　　단골들의 수없이 많은 말들과 기억들, 그리고 눈물과 땀과 피는 새로 이사한 〈해란강〉에는 흔적이 없다. 다만 우리들의 가슴 깊은 곳에 여태 풀리지 않은 '조국과 민족', '민주주의'와 '자유'의 간절함이 한탄의 기억으로 무심하게 흐르고 있다. 기름 냄새 고소한 〈해란강〉에 넘실대는 세상 사는 이야기. 해란강에 일송정은 없다. 아직도 사람이 있을 뿐.

　　※ 전집 〈해란강〉은 1983년 처음 사직동 골목에서 장사를 시작해 지금까지 이어져 오고 있다. 세월이 흐르며 2000년대 초반 하나둘 전집들이 골목으로 모여들었고, '청주전집골목'으로도 지정되어 골목 가득 고소한 기름 냄새가 그윽한 시절도 있었다. 지금은 팬데믹 시절을 거치며 네 집만이 남아 있는 실정이다.

　　　　- 출처 : https://place.map.kakao.com/1655738600?service=search_pc

수원

여행의 품격을 높여주는
수원의 음식

더페이퍼 편집팀

음식은 여행을 할 때 빼놓을 수 없는 요소다. 맛난 음식은 지친 여행자를 위로하기도 하고, 색다른 맛의 신세계로 이끌기도 한다. 음식 자체가 여행인 셈이다. 지역의 대표 음식은 그곳의 역사와 문화를 반영한다. 조선시대 후기부터 유명했던 수원 우시장으로 모여든 엄청난 소들이 수원을 갈비의 본고장으로 만들었다. 시장 내 먹자골목에서 30~40년 동안 전통을 지키고 있는 순대 가게들, 1년 내내 기름지고 고소한 냄새가 가득한 통닭거리. 이곳을 찾아 수원의 참맛을 음미해 보자.

왕갈비 맛의 진수를 보여 주마,
수원갈비

1940년대 영동시장의 싸전거리 '화춘옥'에서 시작된 수원갈비는 1985년 수원시 고유 향토음식으로 지정되었다. 소금으로 양념해 굽는 것이 특징이나 유명한 갈빗집들은 저마다 개성 있는 양념갈비로 정평이 나 있다. 수원 전역에서 수원갈비를 맛볼 수 있으나 영동시장, 수원 노송지대(이목

수원화성

위 팔달구 지동시장 1층에 가면 순대타운이 형성되어 있어 다양
한 순대요리를 맛볼 수 있다. 가운데 팔달문 근처에 형성된 수원
통닭거리에는 10개가 넘는 통닭집들이 모여 있어 전국적으로 많
은 사람들이 모여드는 곳이다. 아래 영동시장, 이목동, 동수원사
거리에서 수원 IC 사이에 갈비 전문음식점들이 많이 모여 있다.

동), 동수원사거리에서 수원 IC 사이에 갈비 전문음식점들이 많이 모여 있으니 참고하자. 은은한 숯불에 구워 먹으면 입안 가득 고기 고유의 향과 고소한 식감이 전해지는 수원양념갈비의 참맛을 씹고, 뜯고, 맛보길 바란다.

맛있고 배부르게 먹을 수 있는
수원순대타운

"여기 맛있어요! 많이 줄 테니깐 이리 와요~"

지동시장 1층에 들어서면 여기저기서 누군가를 부르는 아주머니들의 목소리가 들린다. 수원 순대타운은 30~40년 전통을 자랑하는 순댓집들이 모여 있는 곳이다. 순댓국부터 순대곱창볶음까지 다양한 순대요리를 맛볼 수 있다. 그중 순대곱창볶음은 라면, 쫄면, 당면과 함께 신선한 재료들이 풍성하게 들어가 매콤하게 볶아져 맛이 일품이다. 푸짐한 양에 배가 부르겠지만 밥까지 볶아 먹어야 아쉽지 않다.

고소함이 넘치는거리 수원 통닭거리

수원에는 전국적으로 유명한 거리가 있다. 바로 팔달문 근처에 형성된 수원 통닭거리이다. 1년 365일 고소한 냄새가 가득한 이 거리에는 10개가 넘는 통닭집들이 모여 있다. 각양각색의 레시피로 튀겨지는 통닭들을 먹기 위해, 평일과 주말 할 것 없이 많은 사람들이 모여든다. 진미통닭, 용성통닭, 매향통닭, 장안통닭, 중앙치킨타운은 지금까지 수십 년 통닭의 맛을 지키며 수원 통닭거리의 명성을 만든 일등공신들이다. 거리에 늘어선 통닭집을 보고 어디를 가야 할지 고민하지 말자. 어디를 가든 실패 없는 통닭 맛을 즐길 수 있을 테니.

– (재)수원문화재단, 『지금 우린, 수원』, 2018, 22~25쪽.

강원도 산간지대
사람들을 키운
막국수와 메밀부치기

안선희_ 문화통신 편집위원

산허리는 온통 메밀밭이어서, 피기 시작한 꽃이 소금을 뿌린 듯이 흐뭇한
달빛에 숨이 막힐 지경이다. 붉은 대궁이 향기같이 애잔하고, 나귀들의 걸음도
시원하다.

평창 출신 이효석의 단편소설 「메밀꽃 필 무렵」에
나오는 문장이다. 하얗게 핀 메밀꽃을 소금에 비유한 문장으로, 교과서에도 실릴
정도로 유명한 문구다. 척박한 산간지방인 강원도에서 잘 자라는 메밀에 관한 이
야기다.

메밀은 강원도의 대표 식재료이며, 메밀로 만든 음식 가운데 가장 대표적인 것
은 누가 뭐래도 막국수이다. '춘천막국수'는 막국수의 대명사가 됐고, 평창 메밀막
국수, 양양 물 막국수까지…. 막국수는 강원도 각 지역 이름을 달고 지역의 대표
먹거리로 자리 잡았다. 강원도 몇 개 시·군만의 음식이 아니다. 강원도 18개 시·군
거의 모든 지역에 유명 막국수 집이 있을 정도다.

막국수가 단순한 음식처럼 보이지만, 지역별로 조금씩 차이가 있고 종류도 다

막국수

양하다. 처음부터 동치미 국물에 말아서 나오는 물 막국수. 빨간 비빔 양념이 얹어
져 나오는 비빔 막국수. 간장과 들기름, 김가루만으로 맛을 낸 담백한 막국수. 동
치미 국물 두어 국자를 부어 비벼 먹는 막국수까지. 각 지역마다 서로 다른 맛으로
승부하며 막국수 원조라고 자부한다.

'바로 지금' 급하게 이뤄져 생긴 이름

'막국수'의 유래에 대해서는 여러 가지 '설'이 존재
한다. '막'은 '마구'의 준말로, '되는대로' '바로 지금' 등의 뜻을 담고 있다. 일부에서
는 아무렇게나 되는대로 '막' 만들어 먹어서 막국수라고 불렀다고도 한다. 또 제분
시설이 열악했던 시절, 메밀의 겉껍질과 속메밀을 '막' 섞어 가루를 내어 면을 만
들어서 막국수라는 설이 있는가 하면, 맛이 좋아서 '맛국수'라 부른 것이 막국수로
변했다는 이야기도 전해진다.

가장 널리 퍼진 것이 조리에 공을 많이 들이지 않고 되는대로 만들었다는 내용
인데, 막국수 만드는 과정을 알고 나면 아무렇게나 되는대로 만들어 먹어 막국수
라는 설에 동의할 수 없게 된다. 100% 메밀가루는 점성이 부족해 반죽을 치대는
과정이 매우 어렵다. 국수틀을 놓고 면을 바로 뽑아 삶고 건져내 헹궈 한 그릇 내
어놓기까지, 그 과정이 수월치 않다. 거기다 시원한 동치미 육수를 만드는 과정까
지 고려해 본다면, 국수를 만드는 과정이 '바로 지금' 급하게 이뤄져 막국수로 불
렸다는 설이 훨씬 타당성이 높다.

막국수 면은 메밀가루 비율에 따라 맛과 색깔이 달라진다. 메밀가루는 밀가루
와 달리 글루텐 단백질이 없어 메밀가루만 가지고는 면으로 만들기 어려운 특징이
있다. 그래서 한때 메밀 100% 면은 만들 수 없다는 오해가 퍼지기도 했다. 현재는
제분과 조리 방법이 개선돼 순메밀가루 100%로 면을 뽑는 막국수 식당도 자주 찾
아볼 수 있다. 식재료에 대한 관심이 높아지며 메밀 100%를 자랑하는 식당이 늘

강원도 사람들은 막국수를 먹기 전, 혹은 먹은 후 꼭 '면수'를 챙겨 먹는다. 냉면집에서 나오는 육수는 고기를 삶은 물인데, 막국수집에서는 메밀면 삶은 물을 내준다. 무슨 맛에 면 삶은 물을 먹을까 싶지만, 간장을 한두 방울 떨어뜨려 마시면 구수하고 속이 풀리는 느낌이다.

고 있는 추세다.

메밀 비율은 30~100%까지 식당마다 다양하다. 메밀에 전분이나 밀가루를 섞고, 식당마다 고유한 재료를 더해 비법 면을 뽑아낸다. 메밀가루 100% 면은 뚝뚝 끊어지는 식감 때문에 호불호가 갈린다. 막국수 식당마다 면발 굵기나 쫄깃한 식감 등이 다르고, 양념장이나 동치미 육수 등도 천차만별이다. 그래서 막국수 애호가들은 자신의 취향에 맞는 식당을 찾으면, 그 한 곳만을 고수하게 된다. 거기다 막국수를 먹을 때는 개인 취향에 따라 식초와 겨자, 설탕, 참기름이나 들기름, 동치미 육수를 더한다. 따라서 막국수는 먹는 사람에 따라 그 맛이 모두 다른 음식이다.

은근함으로 이어온, 오래 기억되는 맛

메밀은 척박하고 서늘한 지방에서 잘 자란다. 경사지고 거친 산간지방이 많은 강원도에서 특히 많이 재배됐다. 고랭지인 강원도

메밀전

는 메밀 재배조건이 적합해 수확량도 많고 맛이 좋아 메밀요리가 발달했다. 산촌민이나 화전민들이 메밀가루를 반죽해 눌러 먹던 메밀국수가 한국전쟁 이후 대중화된 것으로 알려졌다.

강원도 사람들은 막국수를 먹기 전, 혹은 먹은 후 꼭 '면수'를 챙겨 먹는다. 냉면집에서 나오는 육수는 고기를 삶은 물인데, 막국수집에서는 메밀면 삶은 물을 내준다. 무슨 맛에 면 삶은 물을 먹을까 싶지만, 간장을 한두 방울 떨어뜨려 마시면 구수하고 속이 풀리는 느낌이다. 해장하는 데 그만이라고 말하는 이들도 많고, 찬 국수를 먹기 전 따뜻한 면수로 속을 풀어준다고 하는 이들도 있다.

또 막국수를 다 먹으면, 그 그릇에 따뜻한 면수를 부어 그릇을 헹구듯 그 물까지 마시는 사람들이야말로 막국수를 진정으로 즐기는 사람들이다. 사찰에서 음식을 다 먹고 물로 헹궈 남은 음식을 모두 먹는 것과 비슷해 보인다.

시원한 동치미 국물이 떠올라 막국수를 여름 메뉴로 생각하기 쉽지만, 막국수는 원래 겨울에 즐기던 음식이다. 메밀은 우리나라에서 삼국시대 이전부터 재배됐다고 한다. 씨앗을 뿌리고 60~80일 정도 자라면 수확이 가능하다. 거친 땅에서도 잘 자라고, 봄에 작물을 심었다가 자연재해나 병충해 등으로 농사를 망치면 논밭을 갈아엎고 바로 메밀을 심었다고 한다. 주로 여름에 씨를 뿌려 늦가을에 거둬들이기 때문에 막국수는 겨울에 즐겨 먹던 음식이다. 특히 국물로 사용하는 동치미 역시 겨울에 먹던 음식이라 막국수는 겨울에 먹어야 제맛이다.

메밀전병

막국수를 먹을 때 단짝처럼 함께 주문하는 먹거리가 있다. 바로 메밀을 이용한 메밀부치기, 메밀전병이다. '기름에 부쳐서 만드는 빈대떡, 누름적, 전병 따위의 음식' 부침개를 강원도에서는 '부치기'로 부른다. 메밀부치기는 메밀반죽을 얇게 펴고, 그 위에 배추김치나 각종 채소를 올려 기름에 지져낸 것을 말한다. 메밀총떡으로도 불리는 메밀전병은 얇은 메밀 반죽을 지져내고, 그 위에 무채나 배추김치 등을 속으로 넣어 말아 부친 음식이다.

강원도 내 전통시장에 가면 시장에서 메밀부치기와 메밀전병을 즉석에서 부쳐 파는 모습을 쉽게 만날 수 있다. 평창과 영월, 정선이 특히 유명한데, 맛도 맛일뿐더러 가격도 저렴하다.

강원도 사람들의 심성처럼 은근하고 구수한 맛이다.

속초

백석 시에 나오는
함흥 음식은
어떻게 속초에 전해졌나

엄경선_ 향토사 연구가

     강원도에서도 손꼽히는 관광지 속초의 대표음식
은 무엇일까? 요즘이야 워낙 다양한 음식이 선보이고 있지만, 오랜 기간 속초 시
민들이 즐겨 먹어 온 음식으로 함흥냉면을 손꼽을 수 있다. 속초와 함흥이 무슨 연
관이 있어, 함흥냉면이 속초의 대표음식이 되었을까?

   한국전쟁 중인 1951년 6월부터 많은 월남 실향민들이 수복된 속초에 들어와
살기 시작했다. 한때는 속초 인구의 절반 이상이 월남 실향민이었다. 1951년 속초
에 정착한 함흥 사람이 '함흥냉면옥'이라는 상호로 간판을 내걸고 함흥냉면을 만
들어 팔기 시작했다. 속초의 함경도 사람들은 고향에서 먹던 국수 맛이 그리워 함
흥냉면을 즐겨 먹었다.

실향민의 향수 달래준 함흥냉면

     함흥냉면은 고구마 전분으로 뽑은 질긴 면 위에
생선회무침을 얹는다. 전분으로 뽑은 면은 질기면서도 오돌오돌하고, 고명으로
얹는 생선회무침은 새콤달콤하다. 육수를 적당히 붓고 말아먹거나 매운 다대기라

함흥냉면

명태가 걸린 풍경

는 양념에 그냥 비벼먹는다. 한 그릇 다 먹고 나면 입안이 얼얼하다.

정작 북한에는 함흥냉면이라는 음식이 없다고 한다. 함흥냉면은 녹말로 질긴 면을 뽑기에 감자녹말로 만든 북한지방의 '농마국수'가 원조라고 하는데, 또 어떤 이는 가자미나 명태회무침이 고명으로 올라오기에 '회국수'가 원조라고 한다.

함흥냉면 말고도 분단 체제를 뛰어넘어 북한의 함흥과 남한의 속초를 잇는 또 다른 음식은 없을까? 시인 백석(1912~1996)이 1936년부터 1938년까지 함흥 영생교보 영어교사로 근무하면서 쓴 시와 수필에서 해답을 찾을 수 있지 않을까 싶다. 시인 백석의 시에는 많은 향토음식이 등장하는데, 함흥에서 머물면서 쓴 시와 수필에도 함흥지방의 물고기와 향토음식이 제법 나온다.

백석은 시「멧새 소리」에서 처마 끝에 매달린 명태를 보고는 자신도 길다랗고 파리한 명태라며 꽁꽁 얼어서 가슴에 길다란 고드름이 달렸다고 했다. 시「북관」에

백석의 시에 나오는 명태와 창난젓은 명태잡
이로 호경기를 이루던 시절 속초의 풍물과 음
식이기도 하다. 한국전쟁이 끝난 속초에서 겨
울에는 명태, 여름에는 오징어가 개락이었다.

는 명태 창난젓이 나온다. 시인은 창난젓을 일컬어 '시큼한 배척한 퀴퀴한 이 내음
새 속에/가느슥히 여진의 살 내음새를 맡는다. //얼근한 비릿한 구릿한이 맛 속에
선/까마득히 신라 백성의 향수도 맛본다'라고 했다.

　백석의 시에 나오는 명태와 창난젓은 명태잡이로 호경기를 이루던 시절 속초
의 풍물과 음식이기도 하다. 한국전쟁이 끝난 속초에서 겨울에는 명태, 여름에는
오징어가 개락이었다.[1] 명태잡이로 겨울이면 속초에서는 개도 돈을 물고 다닌다
는 소리가 있었다. 함경도 해안가 출신 피란민 어부들은 고향에서 잡던 명태를 속
초에서 잡을 수 있었다. 명태국은 물론이고 명란젓, 창난젓, 서거리깍두기[2]는 속

---

1 '개락이다'는 '아주 많다'는 뜻의 강원도 지역말이다.
2 명태 아가미로 만든 깍두기.

위 가자미 아래 속초 가자미회국수

초 사람들이 늘 먹던 일상음식이었다. 좁쌀에 넣어 삭힌 명태식해, 겨울철 별미로 먹던 명태순대, 얼어말라 살이 푹신푹신해진 황태는 별미음식이었다. 심지어 속초 사람들은 김장 김치 속에 명태를 넣어 삭혀 먹었다. 지금은 연근해에서 명태가 사라져 러시아산 수입명태를 먹어야 하지만, 속초의 명태 음식문화는 계속 이어지고 있다.

시인이 가장 사랑한 음식 '가자미'

시인 백석이 가장 사랑한 물고기와 음식은 '가자미'이다. 1937년 10월에 발표한 시 「선우사」에서는 "흰밥과 가재미와 나는/우리들이 같이 있으면/세상 같은 건 밖에 나도 좋을 것 같다"라고 했다. 오죽 가자미를 좋아했으면 백석은 직접 시장에 나가 가자미를 사왔으며, 좋아하는 친구에게 선물로 보내주기도 했다. 1936년 9월 〈조선일보〉에 실린 수필 「가재미·나귀」에서는 "그저 한업시 착하고 정다운 가재미만이 흰밥과 빩안 고치장과 함께 가난하고 쓸쓸한 내 상에 한 끼도 빠지지 안코 올은다"라고 했다. 백석의 가자미 사랑은 1938년 6월 〈동아일보〉에 쓴 수필 「동해」에도 나온다. "내가 친하기로야 가재미가 빠질 겝네. 회국수에 들어 일미이고 시케[3]에 들어 절미지"라고 가자미를 예찬했다.

회국수에 들어 일미(一味)이고, 식해에 들어 절미(絶味)이다. 여기서 말하는 가자미회국수는 함흥냉면의 또 다른 원조로 주목한 '회국수'가 아닐까 싶다. 20여 년 전만해도 속초의 함흥냉면에는 고명으로 가자미회를 올렸다. 지금은 가자미가 비싸서 저렴한 명태회를 얹는다.

속초에는 '가자미회국수'라는 음식이 있다. 전문식당에서 파는 회국수는 함흥냉면과 많이 닮았다. 밀국수를 삶아 가자미회와 미역, 해초를 넣어 맵게 비빈 음식

---

3   식해.

속초 가자미식해

이다. 매운 국수를 먹기 전에 멸치로 우려낸 뜨끈한 육수를 먼저 마시는 것도 함흥
냉면 먹는 법과 비슷하다.

가자미식해는 속초의 대표적인 실향민 음식이다. 식해(食醢)는 우리나라 전통
저장음식으로 쌀이 귀한 함경도 지방에서는 좁쌀로 밥을 지어 생선과 고춧가루를
넣고 버무려 삭혀 먹었다. 우리나라 모든 바닷가에 식해문화가 있었지만, 지금은
대부분 지역에서 사라지고 동해안 북부 해안지역에만 남아 있다. 속초 일대에 정
착한 월남 실향민들이 식해 문화를 이어왔다. 식해는 가자미와 명태, 햇떼기, 도
루묵, 오징어 등 살이 단단한 생선으로 담근다. 그중 가자미식해가 가장 널리 알려
져 있다. 백석이 절미라고 예찬한 가자미식해는 속초 실향민에게는 향수를 자극
하는 그리움의 맛이었다.

1938년 6월 〈동아일보〉에 게재된 백석의 수필 「동해」에는 많은 물고기와 음식
이 나온다. 날미역, 방게, 꽃조개(민들조개), 명주조개, 강아지조개(개조개), 털게
청포채무침, 가자미회국수, 가자미식해, 버들개통구이, 햇떼기된장지짐, 명태골

국, 해삼탕, 도미회, 은어젓, 공미리(학꽁치), 꽁치, 전복회, 해삼.

술안주 털게청포채무침 맛에 빠지다

시인 백석은 털게청포채무침의 맛에 푹 빠졌다고 했다. "이러케 맥고모자를 쓰고 삐루(맥주)를 마시고 친구를 생각하기는 그대(동해의 의인화)의 언제나 자랑하는 털게에 청포채를 무친 맛나는 안주 탓인데, 나는 정말이지 그대도 잘 아는 함경도 함흥 만세교 다리 밑에 님이 오는 털게 맛에 해가 우손이⁴를 치고 사는 사람입네."

해방 전 함흥 지방에는 털게가 많이 잡혔다. 강아지만 한 털게도 잡혔다고 한다. 예전에는 속초 바다에서도 털게가 제법 잡혔지만, 지금은 귀한 음식이 되었다. 통째로 쪄서 살을 발라 먹거나 간장을 붓고 졸여 먹었다.

문화의 생명력은 질기고 강하다. 긴 세월이 흘러 월남 실향민 1세대는 고향에 들어가지 못하고 대부분 생을 달리했지만, 이들이 남긴 독특한 실향민 음식문화는 지금도 속초에 계속 살아 이어지고 있다. 속초의 실향민 음식문화는 70여 년 전의 함경도와 지금의 속초라는 서로 다른 시공간을 잇는 남북문화의 교량이라고 할 수 있다.

백석 시에 나오는 함경도 지방의 명태 음식, 회국수와 식해는 속초 실향민들에 의해 남한 땅에 전해져 왔다. 그러나 지금 백석의 수필에 나오는 털게청포채무침은 무슨 맛일지 알 길이 없다. 언제쯤 함흥의 명소인 만세교 다리 밑에서 떠나간 님도 그 맛에 다시 돌아온다는 털게청포채무침을 먹어볼 수 있을까? 백석이 즐긴 그 절미 음식이 지금도 함흥 땅에 전해 오고 있을까?

---

4 햇빛 가리개, 해가림막.

책쟁이들이 권하는 지역의 맛

맛의 탐닉

발행일 | 2022년 9월 30일

저자 | 한국지역출판연대
기획 | 한국지역출판연대

디자인 | 상상창작소 봄
펴낸이 | 김정현
펴낸곳 | 상상창작소 봄
등록 | 2013년 3월 5일 제2013-000003호
주소 | 62260 광주광역시 광산구 월계로 117-32, 상가 1동 204호
전화 | 062) 972-3234 FAX | 062) 972-3264
이메일 | sangsangbom@hanmail.net
페이스북 | facebook.com/sangsangbom
인스타그램 | @sangsangbom
블로그 | blog.naver.com/sangsangbom1
값 | 15,000원

ISBN | 979-11-88297-60-3   03000